Konrad Schuller

Der letzte Tag von Borów

Konrad Schuller

Der letzte Tag von Borów

Polnische Bauern, deutsche Soldaten und
ein unvergangener Krieg

HERDER

FREIBURG · BASEL · WIEN

© Verlag Herder GmbH, Freiburg im Breisgau 2009
Alle Rechte vorbehalten
www.herder.de

Satz: Barbara Herrmann, Freiburg
Herstellung: fgb · freiburger graphische betriebe
www.fgb.de

Gedruckt auf umweltfreundlichem, chlorfrei gebleichtem Papier
Printed in Germany

ISBN 978-3-451-30116-2

Inhalt

Am Tor des Tals

Nach dem regen der sterne
versammelten sich auf der aschewiese
alle im schutze der engel

Zbigniew Herbert

Mariä Lichtmess

AM ZWEITEN Februar 1944, am Feiertag Mariä Lichtmess, zu dem die Bauern geweihte Kerzen von der Messe mit heimnehmen, um übers Jahr vor Blitzschlag geschützt zu sein, legte auf dem Altar der kleinen, mit Gläubigen überfüllten Holzkirche von Borów Pfarrer Skulimowski gerade Kelch und Schale für die Eucharistie zurecht, als die Türe aufflog und ein Amtsbruder ins Kirchenschiff trat. Die Aussagen der Zeugen, die damals vom Gestühl und von der goldverzierten Orgel aus die Szene beobachteten, stimmen zwar nicht völlig überein. Es scheint aber, dass der Ankömmling, Pfarrer Stańczak, zielstrebig die Kanzel bestieg, oben die Hände hob und in einem Ton, der als Sprechen begann und wegen des aufkommenden Tumults als Schreien endete, in die Menge rief, jeder, der laufen könne, möge nun laufen. Die Deutschen kämen, die Dörfer im Walde stünden in Flammen, und wer jetzt nicht renne, müsse sterben.

Kurz darauf trafen die ersten Geschosse das Gotteshaus. Alles stürzte zu den Türen. Gebrüll erhob sich. Wer eben noch auf der Empore im Chor gestanden hatte, zwängte sich durch das ebenso enge wie steile Treppenhaus hinab zum Kirchenschiff, und alles drängte ins Freie.

Es ist nicht mehr ganz klar, woher Pfarrer Stańczak gekommen war. Er war an diesen Tagen durch Wälder und verstreute Dörfer zur „Kolęda" unterwegs gewesen, dem traditionellen Hausbesuch zum Ende der Weihnachtszeit. Wo er das Kreidezeichen „KMB" an der Türe gesehen hatte, die Abkürzung für die Namen der drei Könige Kaspar, Melchior und Balthasar, war er eingetreten und hatte den Segen gesprochen. Dafür gab es dann als Zeichen des Dankes Gebäck, eine kleine Geldspende und wohl auch hier und da einen Schluck Likör.

An diesem Morgen aber hatte Stańczak die Kolęda unerwartet abgebrochen. Von den benachbarten Dörfern war bereits in aller Frühe das trockene Rattern von Maschinengewehren zu hören gewesen. Möglicherweise hat der Pfarrer auch schon die ersten Geflohenen in den Gebüschen gesehen, vielleicht sah er den Rauch der brennenden Strohdächer, vielleicht hatte er mitbekommen, dass die Deutschen sich nach dem Weg in Richtung Borów erkundigt hatten – auf jeden Fall brach er die Fahrt ab und stand plötzlich mitten im Festgottesdienst in der Kirchentüre.

Das Kirchenschiff war bis auf den letzten Platz gefüllt. Mariä Lichtmess, das Fest der „Matka Boska Gronniczna", der „Muttergottes mit der Donnerkerze", ist das Ende der Weihnachtszeit, und die Jungfrau Maria wird zu dieser Gelegenheit als Nothelferin inmitten eines Wolfsrudels dargestellt. Aber ihr Segen bewahrt auch vor Feuer und Blitz, und so hatten die Bauern an diesem zweiten Februar 1944 ihre „Gromniczna" mit dabei, die wächserne „Donnerkerze", um sie für das kommende Jahr segnen zu lassen.

Es lässt sich deutlich rekonstruieren, was nach Stańczaks Ankunft in der Kirche geschah. Der Pfarrer, ein Mann mit einer auffälligen, schwarz gerahmten Brille und markanten, strengen und hageren Gesichtszügen, stellte sich vor die Gemeinde (einige sagen: neben den Altar, andere sagen: auf die Kanzel), hob die Hände und rief seine Nachricht vom kommenden Untergang in das holzgetäfelte, von Weihrauch und Kerzenlicht erfüllte Kirchenschiff. Augenblicklich brach Panik aus. Alles stürzte zu den Türen, voran die Männer, die seit den „Łapankas", den Menschenjagden der letzten Monate, wussten, dass Deutsche im Anmarsch für sie meist Verschleppung, Zwangsarbeit oder Geiselerschießung bedeuteten. Mitten in Getrampel und Kindergeschrei schlugen die ersten Granaten ein. Ein Geschoss verletzte die Organistin. Die Frauen des

Chors stürzten auf der Emporentreppe durcheinander, oder sie ließen sich in kopfloser Angst über die Brüstung hinab zwischen die Bänke fallen. Schon war die Kirche leer. Kelch und Schale blieben auf dem Altar zurück.

Die Wege der Menschen von Borów – meist Frauen, Kinder und Alte, denn die arbeitsfähigen Männer waren längst verschleppt – haben sich damals geschieden. Wer entschlossen floh, in die Wälder der Partisanen, oder an den schilfigen, von Inselchen und toten Armen geprägten Lauf der Sanna, hatte eine Chance, zu überleben. Von denen, die blieben, weil sie noch das Vieh aus den Ställen lassen oder Angehörige warnen wollten, vielleicht auch nur, weil sie ganz einfach die Hoffnung auf Menschlichkeit noch nicht völlig verloren hatten, sind die meisten noch am gleichen Tag gestorben.

Die Deutschen trafen ein, kurz nachdem die Kirche sich geleert hatte. Vor dem Glockenturm trieben sie alle zusammen, die zu diesem Zeitpunkt noch nicht fortgerannt waren. Zeugen berichten, einige Mütter hätten bis zuletzt mit den Männern zu sprechen versucht; eine habe darum gebeten, man möge nur sie selber töten, ihre Tochter aber, die kurz vor der Hochzeit stehe, verschonen. Darauf habe ein Soldat erst die Tochter erschossen, dann mit Heu bedeckt und angezündet, und danach die Mutter.

Wenig später brannte der Glockenturm. Jenes trockene Rattern, das eben noch die Wälder erfüllt hatte, war jetzt bis in die Mitte von Borów vorgedrungen. Die Soldaten hatten auf die Menge am Kirchhof das Feuer eröffnet, dann hatten sie Benzin über Tote und Verletzte gegossen und Feuer gelegt. Bald stand der Turm in Flammen, ebenso wie das Pfarrhaus, vor dem man tags darauf den verbrannten Leichnam des Gemeindepfarrers Skulimowski fand; die Kirche selbst blieb erhalten und steht bis heute. Wer sie betritt, wird von warmen Holztönen umfangen, vom Goldschimmer gerundeter Barock-

9

ornamente und von leisem Gemurmel aus der Richtung des Beichtstuhls, wo der gegenwärtige Gemeindekaplan, Skulimowskis Nachfolger in der Folge der Dorfpfarrer, seinen Pflichten nachgeht.

Von den Minuten unmittelbar nach der Ankunft des Pfarrers Stańczak, vom Augenblick der Trennung in Überlebende und Opfer, sind viele Episoden überliefert. Stanisława Kolerska, eine Frau von 19 Jahren mit einem energischen Zug um Stirn und Nasenwurzel, die die Offerten der Partisanen aus den Wäldern mit kühler Bestimmtheit abzuweisen verstand, („Ein Partisan ist nichts für ein junges Mädchen"), hatte Glück. Sie hatte auf der Empore auf ihren Einsatz im Chor gewartet, und nach dem Alarmruf von der Kanzel gelang es ihr, durch das von Geschrei erfüllte Gedränge die Treppe hinunter ins Freie zu entkommen und sich danach zum Fluss und in die Sümpfe zu retten. Von der Böschung der Sanna aus sah sie die anrückenden Schützenreihen der Deutschen, und sie sah auch, wie die hölzernen Häuser ihrer Nachbarn eines nach dem anderen aufloderten. Sie selbst aber hat überlebt und konnte so zu einer der wichtigsten Zeuginnen dieses Berichtes werden.

Für Wacław Delekta, damals ebenfalls 19 Jahre alt, heute ein Greis mit tief gefurchten Arabesken auf der Stirn, deren ausdrucksvolle Bewegung seine Rede lebendig begleiten, war jener Augenblick vor dem Kirchentor der Moment der Trennung von seinem Vater. „Lauf, Junge", sagte der Alte, „die Deutschen bringen dich um." – „Und du?" – „Ich bin alt, mich lassen sie in Ruh." – Wacław Delekta lief; wie Stanisława Kolerska fand er Unterschlupf in den Sümpfen, wie sie sah er von dort die geordnet anrückenden Infanteristen und hörte das Rattern der Maschinengewehre, die Schreie der Frauen, das Brüllen des Viehs. Er roch den Gestank brennenden Fleisches, überstand die Kälte der Schneenächte, die auf den Überfall folgten – und blieb am Leben. Den Vater erkannte er wieder, als man später, als der Schnee wieder taute, in den ausgeglühten Resten des Dorfes einen verkohlten Ascheklumpen zur Seite wand und an seiner unteren, durch die Feuchtigkeit geschützten Seite die Reste eines Ausweises fand. Um den Toten lagen Patronenhülsen einer deutschen Pistole.

Auch Gustaw Kozłowski und Zygmunt Grabiec haben sich in den Minuten nach der Messe von Borów zum letzten Mal gesehen. Beide waren halbwüchsige Jungen, beide dienten an diesem Tag als Ministranten. Gustek rannte heimwärts, als alles auseinander stob. Die Deutschen trieben ihn zusammen mit seiner Mutter und seinem Bruder in den Stall, schossen auf sie und zündeten das Gebäude an. Gustaw starb, während Bruder und Mutter durch den Rauch entkommen konnten.

Zygmunt Grabiec dagegen, der zweite Ministrant, hat überlebt. Auch er war losgestürmt, als die Warnung kam. Die ersten Schritte war er versehentlich noch in vollem Ornat gerannt, dann machte er kehrt, um das Chorhemd an seinem Platz in der Sakristei abzulegen. Nun erst floh er wieder. Anders als sein Freund Gustek aber mied er das Dorf und rannte sofort zur Sanna. Von der Flussniederung aus beobachtete er dann wie die anderen das Drama seines verbrennenden Dorfes.

Heute, einen Lebenslauf später, ist der kleine Ministrant Zygmunt Grabiec Pfarrer im Ruhestand. Manchmal liest er noch die Messe an dem Altar, neben dem die Jungen damals knieten, bevor der eine in die richtige Richtung lief, und der andere in die falsche.

Als letzte hat damals vermutlich Barbara Pietruszka mit ihrer kleinen Enkeltochter Honorata Kozłowska die Kirche verlassen. Die Messgegenstände waren in der Hast der allgemeinen Flucht auf dem Altar stehen geblieben, und obwohl das Enkelkind an der Großmutter zerrte, wollte die Alte nicht eher gehen, als bis sie die Gefäße und Oblaten im Sakramentshäuschen hinter dem Bildnis der „Muttergottes mit dem Skapulier" verstaut hatte. Dann erst flohen Großmutter und Enkelkind in jeweils verschiedene Richtungen. Honorata rannte nach Hause; zusammen mit ihrer Mutter fand sie noch Zeit, ein paar Dinge, die ihnen wichtig schienen – etwas zu Essen, aber auch ein paar Familienfotos – im Garten zu vergraben, dann rettete sie sich in ein Erdversteck, während in unmittelbarer Nähe das Dorf brannte, und schrie. Die Großmutter starb einige Tage später. Zu ihrem Haus im Nachbardorf Łążek Chwałowski zurückgekehrt, hatte sie ihre Familie – Mann, Sohn, Schwiegertochter und Enkelkind – ermordet vorgefunden. Eine Woche lang weigerte sie sich, das Haus mit den unbestatteten Toten zu verlassen, und als nach sieben Tagen eine deutsche Patrouille vorbeikam, erschossen die Soldaten auch sie.

Neunundsechzig Jahre danach sind die Überlebenden von damals alte Frauen und Männer. Manche fangen unbeschwert an, wenn sie erzählen, mit beinahe heiterer Leichtigkeit, als wäre die ganze Welt ein Nachmittag im Sommerlicht, und als wüssten sie nicht längst, in welche Nächte ihr Bericht sie innerhalb weniger Atemzüge führen wird. Erst im Zuge des Sprechens erfasst es sie dann wieder. Dann kommt ein „oj Boże" aus der Tiefe, ein „O Herrgott" oder die Augen gehen über, wie bei Helena Wieczorek, die gerade in ihrer blaugeblümten Kittelschürze unter der Birke saß, um ihrer Enkeltochter beim Zubettbringen der Barbiepuppen zuzusehen, als ich sie bat, noch einmal zu erzählen, wie Stańczak rufend auf der Kanzel stand, und wie tags darauf zwischen den ragenden Schornsteinen – mehr hatte das Feuer nicht übriggelassen – die Tiere brüllten. Die Erzählung greift dann über; Birke und Sommertag versinken, und zuletzt ist auch das Kind auf seiner Decke verstummt und hat vorsichtig die Puppen zugedeckt, um in atemlosem Schweigen dem Bericht der Großmutter zu folgen.

Andere Zeugen machen sich Notizen beim Erzählen, um nichts durcheinanderzubringen, wie Marianna Goleń, die an jenem Tag nicht bei der Messe gewesen war, weil auf dem Hof ihrer Eltern die Tiere versorgt werden mussten. Sie hat deshalb nur von außen gesehen, wie plötzlich am Kirchhof alles auseinanderlief, bevor die ersten Schüsse fielen. Marianna Goleń weiß, was Genauigkeit bedeutet; später, in sozialistischen Zeiten, ist sie Lehrerin an einer Berufsschule für Schneiderinnen gewesen, und nach der Wende war sie Gemeinderätin in der benachbarten Kreisstadt. Das Leben ist weitergegangen. Sie selbst fährt noch einen winzigen, roten Polski-Fiat, die Legende des sozialistischen Polen. Ihr Sohn Andrzej dagegen, ein ebenso energischer wie fröhlicher Mann mit majestätischem, mittlerweile aber auch schon ergrautem Vollbart, Gründer, Chef und Besitzer einer kleinen Holzfabrik draußen bei der alten Wassermühle, hat sich ein deutsches Auto gekauft: einen veritablen Mercedes in dunkelblau. Manchmal sieht man ihn in der Dämmerung über die Waldwege donnern, als seien Befehle ergangen, denen sich keiner entziehen kann.

Auf den Krieg folgte der Sozialismus, auf den Sozialismus die neue Zeit der Heimwerkermärkte und Baukredite. Jahrzehnt folgte auf Jahrzehnt, und wenn es dann trotz Notizblock und Bleistift vorkommt, dass das Gedächtnis ein Detail, ein Bild nicht mehr erhellen kann, legt Marianna Goleń wie erschrocken die Hand über den Mund. „Nein", sagt sie dann, „es war anders ... es war anders ..." – und fängt von vorn an: von ihrer Cousine Karolina, die der Soldat mit dem Bajonett (– oder war es ein Messer?) erstach, weil sie sich zur Erschießung nicht auf den Boden legen wollte und statt dessen seine Beine umklammerte; von dem karierten Rock (einer Leihgabe ihrer Schwester, knielang und nach der damaligen Mode mit Fransen verziert), an dessen verbrannten Resten man das Mädchen später erkannte, sowie davon, dass sie selbst, die Überlebende, die deutsche Sprache seither nicht mehr hören kann, ohne Hass zu verspüren. Vor allem im Sommer, in den Ferien an der Ostsee, wo nach dem Krieg schon bald wieder die ersten Deutschen aufgetaucht waren, hat sie früher immer wieder mit diesem Widerwillen kämpfen müssen. Jetzt ist sie schon lange nicht mehr dort gewesen.

Ich schweige. Marianna Goleń erwacht aus der Erinnerung, sieht mich traurig an. „Nehmen Sie es nicht persönlich", sagt sie nach einer Weile – „es ist einfach so."

Honorata Kozłowska, die an der Großmutter zerrte, als die die Hostien forträumte, muß manchmal innehalten, wenn der Bericht zu schmerzhaft wird. Eine Sekunde lang hält sie die Hände dann rechts und links vor die Schläfen und sagt nur „Still ... still." Dann erzählt sie stockend weiter und fasst dabei ihr Skapulier an, das Halsband mit den Bildern Christi und der Jungfrau Maria, genau so eines, wie das Jesuskind auf dem Altar von Borów eines trägt. Ihre Mutter, mit der sie damals noch ein Paar Fotos im Garten vergrub, ist damals im Brand verschollen. Das Kind aber hat die versteckten Bilder später geborgen, und jetzt hat die Alte eines von ihnen mitgebracht – schadhaft und knitterig ist es, aber trotzdem eine der ganz wenigen Fotografien, die den Brand des alten Borów überstanden haben. Das Bild zeigt einen Sommertag im Freien; vor einem Strohdach Mädchen in weißen Kommunionskleidchen mit Kränzen im Haar; in ihrer Mitte – scharf, hager, mit markanter Brille – Pfarrer Stańczak, der Rufer auf der Kanzel.

Und Stanisława Kolerska, die junge Frau mit dem energischen Zug um die Nasenwurzel, die keinen Partisanen wollte? Sie ist damals, wie sie selber sagt, eine „niezła dziewczyna" gewesen, hübsch und mit schnellem Verstand, ein Mädchen, das nicht von schlechten Eltern war. Heute ist sie das wandelnde Gedächtnis des Dorfes: eine mächtige, allgegenwärtige Mutter, deren wehe Beine (eine späte Folge jener Winternächte im Sumpf) das Gewicht ihres gewaltigen Körpers nur noch mit Hilfe eines kräftigen Gehstocks tragen können. Mit Argusaugen, Witz und unbändiger Energie kommandiert sie im Gasthof ihres Sohnes Marek das Personal, dass Kellner, Köche, Gärtner ihre liebe Not haben. Der Hof des Gasthofes mit dem kleinen, von einer Gipsjungfrau gezierten Springbrunnen, der zu Hochzeiten, Begräbnissen und Kindstaufen in Gang gesetzt wird, blüht und wuchert vor lauter Fuchsien, Sulfinien und Pelargonien, und Mutter Stanisława hat sich zu uns in den Schatten gesetzt. Pfarrer Grabiec ist da, der Ministrant, der in die richtige Richtung lief, heute ein knorriger alter Mann mit rot geäderten Wangen und einer stoßhaften, jeden Widerspruch im Keim erstickenden Redeweise. Die Köchin hat ihm einen kräftigen Putenschlegel mit Zwiebelsoße, Salzgurke und petersilienbestreuten Kartoffeln sowie ein kleines Bier vorgesetzt, und er hat gerade begonnen, in dem ihm eigenen gedrängt-bestimmten, von seiner rauen Stimmlage noch zusätzlich erhöhten Bekennerduktus jene Lichtmess neu zu entfalten, an der er mitten im Feuer kehrt machte, um das Chorhemd zurückzubringen.

Die marschierenden Deutschen ziehen auf, Tiere, Feuer und Rauch, zuletzt der Gemeindepfarrer Skulimowski, der die Messe nicht vollenden konnte – nur einer fehlt in der Erzählung, die zentrale Figur, der Warner Stańczak. – Stańczak? Grabiec stutzt, dann hält er inne, holt Luft zum Bekenntnis. „Stańczak war nicht da." Punktum. Nein. Mutter Stanisława richtet sich auf. Sie ist eine gute Christin gewesen, ihr ganzes langes Leben, aber Pfarrer hin oder her – so etwas Unsinniges hat sie noch nie gehört; schließlich hat sie ja selber eben noch erzählt, wie der Stańczak damals die Hände hob beim Rufen. So wartet Mutter Stanisława also noch ein „Nein" des Pfarrers ab, ein „auf keinen Fall" und noch ein „Nein" – und dann hebt sie ihre weit tragende Stimme so an, wie es nur polnische Frauen können, die gelernt haben, sich der Angebote der Partisanen zu erwehren. „A co mówisz, księdzu!?!" Ja, was erzählst du denn da, Pfarrer!?! – Der alte Bekenner, die Autorität des Dorfes, blickt überrascht von seinem Putenschlegel hoch. Er war ein vierzehnjähriger Knirps an jenem Tag, ein Stöpsel, der vor lauter Kopflosigkeit nicht einmal mehr daran gedacht hatte, sein Chorhemd auszuziehen. Sie aber, die jetzt die Stimme erhebt, war eine gerade gewachsene Frau von neunzehn Jahren, groß und unerreichbar, und schon damals hatte sie diesen bestimmten Zug um die Stirn. Gottes Zeit ist ewig, das Gedächtnis ist begrenzt, und manche Autoritäten wachsen noch, wenn die Jahre vergehen. – „Gut", sagt der Alte nach einer Pause. „Schon Gut. Stańczak also."

Später, als der Pfarrer sich längst aufgemacht hatte, um quer über die Dorfkreuzung, vorbei an Bushaltestelle, Kramladen und Telefonzelle, zu den Sonnenstühlen in seinem Garten zurückzukehren, ist Mutter Stanisława noch einmal auf die Feiertagsmesse zu sprechen gekommen. Man sang damals zum Fest genau wie heute die alten Marienlieder, und zum letzten Mal im Jahr (denn zu Lichtmess ist die Weihnachtszeit vorbei) wohl auch „Cicha Noc", „Stille Nacht", jene unsterbliche Melodie, die für die Welt ebenso deutsch ist wie Soldaten mit Benzinkanistern auf dem Rücken. Stanisława gibt meinem Drängen nach, sucht den Ton, trifft ihn nicht gleich, sucht noch einmal, summt, singt: „Witaj Maryjo", „Gegrüßet seist du, Maria", und dann wohl auch „Maryja Królowo Polski", jenes Lied von der „Königin Polens", das damals verboten war, weil es kein Polen mehr geben sollte. Aber die hohen Lagen wollen nicht mehr gelingen, die Stimme ist nicht mehr, was sie war – immer noch kraftvoll zwar, doch die Reinheit des Tons ist dahin. Die Alte stützt die Fäuste auf die Tischplatte, stemmt ihr beträchtliches Gewicht hoch, streckt die widerstrebenden Gelenke, fasst nach dem Stock, wendet sich dem Haus zu. Der Pfarrer ist fort, die Teller sind leer gegessen. Es gibt genug zu tun und rasten können die Toten.

Vier Straßen

IN DICHTEN Streifen liegen die Äcker beieinander, lang gestreckt und schmal, so dass die Pflüge, die Eggen, die Mähmaschinen lange ins Gerade ziehen können, bevor sie wenden müssen und es zurück geht zur nächsten Kehre. Jeder Acker ein Bauer, jedes Streifenbündel eine Familie, jede Flur gesondert und eigen in ihrer Farbe und Tönung: Rüben und Klee, Getreide und Tabak. Hier laufen die Streifen von Nord nach Süd, dort ziehen sie von Ost nach West, hier greifen sie ineinander, dort verweben sie sich als endloses Parkettmuster im stillen Sommer. Borów aus der Höhe, aufgenommen im Sommer 1947, drei Jahre nach dem Brand.

Zwei staubige Landstraßen kommen von weither, stoßen aufeinander, bilden ein Kreuz. An drei Armen des Kreuzes, nach Norden, nach Süden und nach Osten, steht je eine Reihe Höfe. Das Leben ist weitergegangen nach jenem Tag im Februar. Viele der verbrannten Hofstellen stehen noch leer, aber auf ebenso vielen sind mittlerweile wieder Häuser gewachsen, und wie Spielzeugzelte ragen die blanken neuen Blechdächer ins Sonnenlicht. Der vierte Straßenarm, der westliche, dort, wo es in die Weichselsümpfe geht, ist unbebaut. Nur eine kurze Allee, eine Perlenschnur aus Baumkronen, führt von der Kreuzung ein paar Schritte in die Wiesen; dort steht unter ihrem glänzenden Zinkdach die kleine Kirche, gekrönt von ihrem rittlings auf den First gesetzten Zwiebeltürmchen.

DER SÜDLICHE Straßenarm führt zur Brücke über die Sanna. Das alte Luftbild zeigt einen gewundenen Flusslauf, von
Bäumen und Gebüsch gesäumt. Etwas oberhalb des Dorfes,
bei der Mühle des alten Pac, ist das Wasser aufgestaut, an anderen Stellen sieht man Inseln und sandige Furten, dann verliert sich das Wasser in den Morasten.

Weiter jenseits der Brücke geht die südliche Straße dann
in die Weite, hinüber nach Galizien, weiter zur alten Hauptstadt Krakau, wo damals der deutsche Generalgouverneur
über den Grüften der polnischen Könige auf dem Wawel-
schloss saß, oder noch weiter über die Waldpässe der Beskiden
bis in die Glut der ungarischen Ebene. Gleich in der Nähe der
Brücke aber ist man auf dieser Straße noch zu Zeiten der Großeltern kurz nach der Dorfgrenze schon auf eine wichtige Schei-
delinie gestoßen: auf die Grenze zwischen dem russischen
Reich im Norden, zu dem Borów gehörte, und dem Habsbur-
ger Imperium im Süden – eine Grenze, die in den 123 Jahren
von der restlosen Aufteilung Polens zwischen Preußen, Öster-
reich und Russland bis zum Ende des Ersten Weltkriegs das
Land durchschnitt, das es nach dem Willen der Großen nie
mehr geben sollte.

Die Wälder und Äcker von Borów sind damals der äußerste Rand eines Reiches gewesen, das bis zum Pazifik reichte.
Sie waren Sammelräume für Flüchtlinge, Schmuggler, Wel-
tenwandler, und wer nach Amerika wollte, oder wer fliehen
musste, weil er an einem der ebenso zahlreichen wie immer
wieder erfolglosen polnischen Aufstände gegen den Zaren-
thron teilgenommen hatte, kam hier durch. Im Dorf erzählt
man noch heute vom Aufstandsjahr 1831, als zwei Rebellen
unmittelbar vor der Grenze gefasst und an Ort und Stelle gehängt wurden. „Es lebe Polen!", soll der eine gerufen haben;
der andere blieb sachlich und sagte nur: „Ihr Moskauer
Schweine könnt mich ..." – dann zog sich die Schlinge zu.

Noch heute sind in den Wäldern die Pfade der Grenzpatrouillen zu erkennen, und die Leute von Borów sagen, die Kisten der Alten seien damals voller Rubel gewesen. So einträglich war die Grenze.

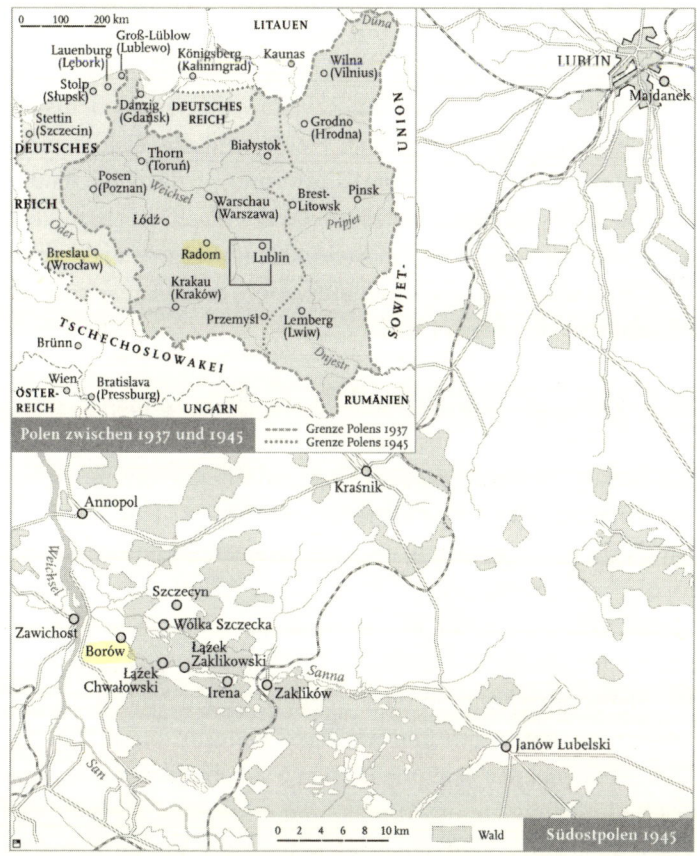

ÜBER DIE östliche Straße führt der Weg in die Wälder. Im Krieg, oder zumindest in den Sommerwochen des Krieges, hatten die Partisanen hier ihre Verstecke, während sie im Winter bevorzugt in den Dörfern Unterschlupf suchten, oft

in den leeren Häusern der Juden, die schon früh auf Nimmer-
wiedersehen abgeholt worden waren. In diesem Wald beginnt
sich das Land, das noch bei Borów tellerflach in der Weite
liegt, leicht zu wellen. Zwischen sanften Kuppen liegen dort
jene vier Weiler, die Pfarrer Stańczak damals brennen sah, bevor er die Kolęda abbrach, um nach Borów zurückzukehren:
Szczecyn, Wólka Szczecka, Łążek Zaklikowski und Łążek
Chwałowski. Noch weiter, in Zaklików, hatte die deutsche
Gendarmerie ihren Stützpunkt. Heute sind die Wälder nicht
mehr, was sie waren. Spalierbäume prägen das Bild, Futter
für die Sägewerke und Holzbetriebe der Nachbarschaft, aber
immerhin ist noch alles voll Steinpilzen, und wer nachts mit
dem Auto unterwegs ist, muss aufpassen, dass ihm kein Wildschwein vor den Lenker läuft.

WER VON der Kreuzung die Straße nach Norden nimmt,
kommt dagegen bald ins Freie. Zerstreute Gehöfte prägen die
Landschaft, die neue europäische Agrarindustrie mit ihren tau-
sendköpfigen Schweinemästereien und Hundert-Hektar-Äckern
hat dieses Land im Osten, eine der ärmsten Regionen der Europäischen Union, noch nicht erreicht. An Wegkreuzen und
Marienkapellen vorbei windet sich die schmale Straße bis
hin zu den Garagen und Tankstellen von Annopol, der nächsten Kleinstadt, mit ihren reklameüberzogenen Möbelhäusern,
grauen Baustofflagern und windigen Pappkartonmärkten ein
Musterbeispiel des osteuropäischen Städtebaus in der Epoche
des Budenkapitalismus. Annopol war einmal ein Zentrum des
Phosphatabbaus, aber seit in den siebziger Jahren Marokko
die Preise verdarb, stehen die Gruben still, und selbst die Ab-
deckerei hat geschlossen, was immerhin zu einer spürbaren
Verbesserung der Atemluft geführt hat.

Viele sind seither gegangen – nach England und Irland,
nach Amerika und Kanada, oft wohl über den alten Grenzweg

bei Borów zum Flughafen Krakau, wo Ryanair und Easyjet Woche für Woche, Tag für Tag polnische Bauernburschen und Kleinstadtmädchen mit dicken Reisetaschen voll Würsten und Gurken nach Manchester oder Dorchester fliegen, wo sie im Dienst von überarbeiteten Büroangestellten Bäder fliesen und Kinder zu Bett bringen. Für die, welche bleiben aber sind die Höfe und Äcker der Großeltern heute wie immer die Grundlage des Lebens.

Bei Annopol hört die Straße nach Norden übrigens beileibe nicht auf. Wer will, kann hier die Brücke über die Weichsel nehmen, um dann auf endlosen, von ukrainischen Lastwagen verstopften Landstraßen in den Abend zu fahren, bis im letzten Licht die Bankentürme von Warschau am Horizont leuchten.

AM SCHÖNSTEN ist Borów aber, wenn man von Westen kommt, vom großen Fluss her durch die Niederung. Am anderen Ufer der Weichsel, verbunden durch eine Fähre, die bei Hochwasser Pause macht, liegt das alte Klarissinnenkloster Zawichost, das durch eine Schenkung König Bolesławs des Keuschen seit 1257 die Hoheit über Borów hatte. Der milden Hand der Klosterfrauen schreiben die Leute im Dorf es zu, dass anders als in anderen Teilen des Landes, wo mächtige Gutsherren die Bauern bedrängten, der selbstständige Familienbetrieb hier die prägende Wirtschaftsform geblieben ist.

Die Sümpfe zwischen Dorf und Fluss sind mittlerweile verschwunden. Die windungsreiche Sanna wurde nach dem Krieg reguliert, als schnurgerader Drainagekanal zieht sie sich zur Weichsel, und wo damals im Februar die Leute vom Dorf zwischen Schilf und toten Armen Zuflucht fanden, verlieren sich heute holperige Sandwege in Kirschgärten, Kartoffeläckern und Bohnenbeeten. Hummeln summen über die Schafgarbe, und von ferne hört man Gebell.

Wer von dieser Seite kommt, erlebt Borów noch so, wie es einmal war. Am Sandweg erscheint in den Wiesen das erste Haus, dann noch eines und ein drittes: das Dorf. Die Höfe sind geräumig. Hühner scharren im Mist, ein pflichtgemäß wutentbrannter Hofhund, Sammler aller Gene und Erbanlagen seiner formenreichen Gattung, zerrt an der Kette. Manche Häuser – wohl die, die unmittelbar nach dem Brand von den Überlebenden in aller Eile aus Latten und Pappe zusammengefügt wurden – starren zwar längst wieder mit hohlen Fenstern ins Leere, aber weit mehr zeigen mittlerweile deutliche Zeichen bescheidenen Wohlstands. Meist gruppiert sich die Anlage dabei um einen Kern im Stil der alten Zeit, das überkommene einfache Geviert aus derben Fichtenbalken, an den Ecken nach guter Zimmermannsart jeweils über Kreuz gefügt. Viele Häuser aber weisen zur Rechten und zur Linken längst Erweiterungen auf, neue Flügel mit Balkonen, Veranden und verglasten Terrassen. Vor den Scheunen, aus denen der Geruch von Schweinen und Kuhmist herüberzieht, stehen manchmal noch die alten Pferdefuhrwerke auf der von derben Stiefeln aufgewühlten Erde, viel öfter aber sieht man schon die Toyotas und Opel von den Gebrauchtwagenmärkten der neunziger Jahre.

Kurz vor der Kreuzung erweitert sich die Straße zu einem kleinen Anger. Man passiert ein hohes eisernes Kruzifix, geschmückt mit Plastikblüten und flatternden Bändern in rot, weiß und himmelblau, man passiert die Kirche und das wieder aufgebaute Pfarrhaus, und schon steht man in der Mitte von Borów, genau dort, wo die vier Himmelsrichtungen zusammenlaufen. Alles, was eine gute polnische Dorfmitte ausmacht, hier wird man es finden: die Bushaltestelle, wo beladene Frauen ihre Plastiktaschen abstellen, um bis zur Ankunft des rumpelnden Überlandbusses die müden Beine zu entlasten, die leicht schadhafte Telefonzelle, das Haus der freiwilligen Feuerwehr, das Denkmal des Nationalhelden Józef Piłsudski und die Schule, die von den Dorfleuten in Eigeninitiative betrieben wird, seit mit den Reformen der neuen Zeit die alte staatliche Schule geschlossen hat. Zur Linken liegt einer jener ewigen polnischen Dorfläden, wo robuste Verkäuferinnen zwischen altertümlichen Waagen mit langen Zeigern von prächtigen Würsten bis zu Gummibärchen, von Scheuerpulver bis zu Grablichtern, von Teekesseln bis zu Wodkaflaschen alles feilbieten, was von Morgen bis Abend so fehlen kann in einem ordentlichen Haushalt, und wo die Männer ein Bier im Stehen trinken, wenn es sich so ergibt.

Schräg gegenüber wohnt Mutter Stanisława, die Frau mit dem konzentrierten Zug um die Nasenwurzel. Ihr Sohn Marek, ein eingefleischter Junggeselle von legendärem Körperumfang und ebenso legendärem Stimmvolumen, hat an genau der Stelle, wo vor dem großen Brand der alte Hof der Familie stand, Schritt für Schritt, Stein für Stein, einen Gasthof aufgebaut – und was für einen! Oleander, Heliotrop und Hortensien blühen an den Fenstern, aprikosenfarbene Vorhänge sowie ein prächtiges Bild der Jungfrau Maria schmücken den Festsaal, den ehemaligen Stall, der als einziges Bauwerk am Hof damals den Brand überstand, und auf der Anrichte erfreuen gerundete Mädchenfiguren aus Gips das Auge, die immer dann auf den Tischen verteilt werden, wenn wieder eine Kindstaufe ansteht, eine Kommunion, oder auch nur einer der in Polen so üppig und lustvoll gefeierten Namenstage. Dann kommt alles zu Mareks Gasthof, bis nach Annopol hin, und Mutter Stanisława an ihrem Stock, trotz ihres Rheumatismus in Körper- und Stimmfülle fast noch imposanter als ihr Sohn, kommandiert Kellner, Köche und Gärtner. Aus den Kühltruhen kommen die Würste hoch, halb Wildschwein halb Hausschwein, aus der Küche der Braten in Aspik mit Zwetschge sowie die Einmachgläser mit den Małosolne-Gurken, im Tontopf gesäuert, mit Knoblauch, Meerrettich, Dill und Kirschblatt. Die saure Mehlsuppe hat ihren Auftritt mit Ei und Weißwurst, die Königssuppe, sowie die gekühlte Wassermelone und im Hof wird der Springbrunnen mit der Gipsmaid in Gang gesetzt.

Es ist ein großer Tag für den großen Marek Kolerski. Sein Elefantenbariton füllt die Straße, dass im Kramladen die Bierflaschen klirren. Das neue Eisentor ist da, in der Stadt nach Maß geschmiedet für seine breite Hofeinfahrt, gerade hat es die Werkstatt geliefert, der krönende Abschluss im jahrzehntelangen Wachstum des Gasthofs – und was für ein Tor das ist! Geranke und Geblühe in lustvoller Schmiedearbeit, Blätter, Knospen, Stauden in Rotgold und Kupfer – und zu allem Überfluss sowie zum Staunen der Welt ein geheimnisvoller Mechanismus, der die herrlichen Flügel wie von selbst in Bewegung setzt, wenn Marek Kolerski es so will.

Zwei Hochzeiten

BEI DEN Kameckis ist geschäftige Bewegung. Großvater Stanisław, ehemals Partisan bei den „Nationalen Streitkräften" im Untergrund, prangt im weißen Hemd, und die gebügelte Sonntagshose müsste allenfalls am Latz noch ein wenig gebürstet werden, weil der Alte im letzten Moment der Versuchung nicht widerstehen konnte, das schwarzweiße Frühlingskätzchen auf den Schoß zu nehmen, das allerdings längst wieder über alle Berge ist und jetzt wohl gerade einem Mädchen in rosa Sandalen um die Beine hüpft. Eilige Frauen mit Lockenwicklern im Haar tragen Liliensträuße hin und her, jemand pustet Ballons auf, rotbackige Tanten reichen herausgeputzte Babys von Arm zu Arm, und ein dienstbarer Geist fährt ein letztes Mal mit einem weichen Lappen über die Motorhaube eines silbrig schimmernden, mit Bändern und Blumen geschmückten BMW.

Roman hält Hochzeit. Der Enkelsohn des alten Stanisław hat ein Mädchen aus dem Nachbardorf genommen, aus Kosin auf der Straße nach Annopol. Monika, die junge Braut, wartet zuhause schon geputzt, blondiert und frisiert auf den Konvoi des Bräutigams. Vor der Toreinfahrt ihres Hauses hat sich der Onkel aufgebaut, Dorfpolizist und daher Respektsperson, um nach altem Herkommen dem abholenden Brautwerber noch im letzten Augenblick einen gehörigen Tribut in Wodka abzupressen, und neben dem Torpfosten dudeln Ziehharmonika und Schellenkranz das ewige Hoppsassa aller Dorfhochzeiten dieser Welt. Die Mutter zückt das Taschentuch und trocknet sich die Tränen.

Der Konvoi setzt sich in Gang. Vorab rollt der sagenhafte BMW, hinterdrein rumpelt ein hochbeiniges Ungetüm von einem Bus mit scheppernden Türen und roten Vorhängen, Sitzplatz für Sitzplatz gefüllt mit winkenden, lachenden Hochzeitsgästen. Die Braut ist ausgelöst (es war nicht einfach, denn der Onkel, Respektsperson und Polizist, hat den Preis unerbittlich in die Höhe geschraubt), und schon zieht das junge Paar ins warme Kerzenlicht der alten Holzkirche, schon setzt die Orgel ein, dieselbe, neben der die alte Stanisława damals nicht mehr zum Singen kam. Vorbei an der Ikone der Schwarzen Madonna von Tschenstochau, der Königin Polens mit der Säbelnarbe im Gesicht, zieht der Zug zum Altar, wo im goldgerahmten Bild des heiligen Franziskus mit dem Jesusknaben ein klaffendes, gezacktes Einschussloch in der Wange des Kindes an den Tag erinnert, als Borów brannte. Der Chor hat eingesetzt. „Miłość nie pamięta złego", „die Liebe vergisst alles Böse", singt von oben eine Frauenstimme, weich und rein, wenn auch mit zartem Rauch über den Stimmbändern.

Alle sind da. Pfarrer Grabiec, der entkommene Ministrant, hat mit seiner gepressten Bekennerstimme die Predigt gehalten, Marek, der gewaltige Sohn der alten Stanisława, nimmt auf den Knien die Hostie. Die Mutter der Braut ist aus England angereist, von wo sie wie Hunderttausende andere polnische Hausfrauen mit irgendwelchen mäßig bezahlten Hilfsdiensten die Kasse der Familie aufbessert; der Brautvater, seines Zeichens Fernfahrer auf den endlosen Landstraßen zwischen den Karpaten und dem Altai, hält links des Mittelgangs eisern die Form in seinem nagelneuen schwarzen Dreiteiler, während rechts der Vater des Bräutigams, ehemals Betreiber einer untergegangenen Kneipe (sie musste geschlossen werden, weil die jungen Leute sich immer prügelten), unter der Krawatte schon den obersten Hemdknopf gelöst hat, um der Rührung Raum zu lassen.

Jenseits der Straße, hinter Mareks goldglänzendem Wirtshaustor, ist unter Mutter Stanisławas Argusblick mittlerweile aufgetragen worden, was Keller und Küche hergeben. Während der Hochzeitszug nach vollbrachter Messe schon zwischen den Alleebäumen näherkommt, während das allgegenwärtige polnische Festlied „Sto lat, Sto lat" („Hundert Jahr, hundert Jahr") noch aus hundert Hälsen steigt, haben die Kellner längst die Vorspeisen ausgebreitet. Hering in Öl und Zwiebeln oder mit Paprikasoße, Eierpasteten und kalte Braten breiten sich zwischen hochfüßigen Obst- und Kuchenschalen aus. Schon wird der Rosół gebracht, die hochkonzentrierte klare Hühnersuppe, die nur dann gelingt, wenn die für sie geopferten Hühner keinen Tag ihres gesegneten Hennen- oder Hahnenlebens mit etwas anderem verbracht haben als mit Scharren und Krähen auf den fetten Misthaufen der Höfe. Wasser- und Wodkaflaschen stehen zwischen den Bratentellern – Wasser, Wodka, und sonst nichts, denn anders als im haltlosen Warschau hat hier, wo Polen noch Polen ist, das allgegenwärtige osteuropäische Dünnbier seinen Siegeszug noch nicht vollendet. In endloser Reihe kommen also die klaren kleinen Flaschen daher, es gibt kein Entrinnen, Trinkspruch folgt auf Trinkspruch, und nur der mir, dem fremden Gast gnädig erteilte Rat, doch ja trotz Toasts und Trinksprüchen stets ohne Unterbrechung zu essen, um so den konstanten Pegelanstieg durch ebenso konstanten Ausbau der feststofflichen Basis auszugleichen, zögert den Einbruch des Desasters noch eine Weile hinaus.

Sie haben dann getanzt bis in den Morgen. Zu der Quetsche und der Schelle vom Nachmittag war eine veritable Dorfband gestoßen, komplett mit Keyboard und Klarinette; Mareks Festsaal, der einstige Stall, war ein Traum in rosa Volants und Tülldrapierung, der Jungfernbrunnen sprudelte, die Ballkleider der Frauen, dekolletierte Wunder von den Nähmaschinen der Tanten und Mütter, wogten zur Polonaise in Pink, Minzgrün, Flieder und Zitronengelb, und die Frisuren, wahre Türme und Wogen aus Gel und Haarfestiger, bestanden Härtetests. Selbst der Brautvater, der Herr der Landstraßen in seinem strengen Dreiteiler, erweichte seinen Sinn und zeigte sich in Hemdsärmeln und Weste, während die Mutter des Bräutigams, die eben noch eine Träne getrocknet hatte, zu „Kalinka" hüpfte, wobei sie mit ausgebreiteten Armen rief, nun möge doch alles trinken, und dann möge man tanzen, bis die Sonne komme.

Der rote Barschtsch ist aufgetragen, die Speise der Mitternacht, und der alte Stanisław Kamecki singt ein Partisanenlied. Die Braut, die den Schleier längst abgelegt hat, gluckst und kichert; jetzt hält sie giggelnd die Hand vor den Mund, denn gerade haben die Spiele begonnen, die nicht ganz stubenreinen, und eine Freundin bringt schon die Utensilien.

NAH AM Friedhof steht Feliksa Woźnas Hütte. Neben der Türe, dem mächtigen gekachelten Herd gegenüber, hängt an der Wand eine alte Photographie, sorgfältig retouchiert in goldenem Rahmen: eine junge Braut mit rundem, kindlichem Gesicht mit Rosen und Schleier, dazu ein Bräutigam in Anzug und schneeweißem Binder. Ernst wie der Tod blicken Mann und Frau herüber durch die Zeit.

Es war ein Samstag gewesen, der letzte vor Mariä Lichtmess. Feliksa Woźna, geborene Nowacka, war knapp 22 Jahre alt. Genau wie die blondierte Monika, die jetzt gerade unter Gekicher zu den Spielen geholt wird, hatte sie einen Mann aus dem Nachbardorf genommen. In Borów selbst waren seit der großen Menschenjagd vom Sommer 1943 die Männer knapp, und so hatte der junge Woźny aus Janiszów seine Chance genutzt.

Es muss bei der Hochzeit, wohl der letzten, der Pfarrer Skulimowski seinen Segen gegeben hatte, hoch hergegangen sein. Mutter Stanisława jedenfalls erinnert sich, dass das Fest schon am Vormittag begann. Die Bauern hatten Wurst aus den Verstecken geholt, und man hatte Bigos gekocht, dieses polnischste aller Gerichte, tagelang gegart auf kleiner Hitze, aus Kraut, Speck, Schmalz, Steinpilzen, Wacholder, Lorbeer sowie Schweinswürsten, die man trotz strenger Ablieferungspflichten und angedrohter Todesstrafe vor den Deutschen verborgen hatte. Irgendwoher hatte man auch Kontingentwodka aufgetrieben und dazu gab es Tee und Pfannkuchen. Man aß in mehreren Schichten, denn das Haus war klein und die Gästeschar groß – zuerst die Alten, dann die Jungen, und als alle satt und die Tische abgeräumt waren, wurde zum Tanz aufgespielt. Eine kleine Kapelle, ein Geiger vielleicht, ein Klarinettist und wohl auch ein Trommler, spielten die Polka, dazu den damals noch brandneuen Foxtrott und natürlich den Oberek, Polens nationalen Stiefelwalzer, den kühnsten aller Tänze, bei dem die Vitrinen klirren, wenn im Dreivierteltakt die Hacken auf die Bretter knallen. Statt Hochzeitsgeschenken gab es ganz einfach und nüchtern Geld. Geld war im Krieg noch wichtiger als im Frieden. Man konnte damit auf dem Schwarzmarkt Zucker erwerben, man konnte sich von Ablieferungspflichten freikaufen und manchmal sogar von der Zwangsarbeit. Feliksa gab, was das Paar bekam, ihrem Vater in Verwahrung.

Das war am 29. Januar 1944. Am zweiten Februar dann ist alles in Flammen aufgegangen. Die Deutschen durchkämmten das Dorf. Haus für Haus loderte auf, von der Kirche her hörte man Tumult und Schüsse. Der Brautvater, der das Geld immer noch bei sich trug, hetzte zusammen mit mehreren Nachbarn Richtung Friedhof, und als es dort nicht weiterging, vielleicht weil jenseits der Mauer auf offenem Feld die deutschen Sperrkordons standen, duckten sich die Leute zwischen die Grabmale. Kurz darauf waren die Exekutionstrupps da. Als die Soldaten die zusammengekauerten Menschen zwischen den Gräbern sahen, begannen sie sogleich mit den Erschießungen. Einige ihrer Opfer – anscheinend vor allem Kranke und Behinderte – haben sie dabei sofort getötet, andere trieben sie zusammen, offenbar um sie in ein in der Nähe gelegenes leeres Haus zu drängen.

In diesem Augenblick geschieht dann etwas, was in den Berichten über diesen Tag einzigartig bleibt: Jemand wehrt sich. Gerade sind die ersten Schüsse gefallen, gerade sind die ersten Getroffenen zusammengesackt, da ist plötzlich ein Handgemenge ausgebrochen. Jan Nowacki, ein Onkel der Braut Feliksa, nach der Erinnerung der Leute ein kräftiger, couragierter Mann, hat sich offenbar geweigert, den Soldaten zur Ermordung den Rücken zuzukehren. „Du kannst mich auch so erschießen", schreit er jetzt, und irgend jemand brüllt irgend etwas zurück. Die Einzelheiten, die Rufe und wilden Gesten dieses Moments sind verloren gegangen; vielleicht hat ein Soldat einen Moment lang gezögert, jemanden zu ermorden, der ihm in die Augen sah, vielleicht hat er auch in erhitzter

Wut das Gewehr nicht richtig bedient – auf jeden Fall aber hat die Überlieferung eine versagende Waffe festgehalten, einen blockierten Karabiner oder die klemmende Maschinenpistole irgend eines deutschen Unterführers. Schon sehen wir Männer miteinander ringen, Jan Nowacki mitten unter ihnen. Schüsse lösen sich, Menschen rennen auseinander.

Mehrere Bürger von Borów sind im Tumult dieser Sekunden dem Tod entkommen. Sie stoben in alle Richtungen, als das Gewehr versagte, suchten Deckung hinter Bäumen und Grabsteinen, und mehr als nur eine Handvoll von ihnen fand Zuflucht im nahen Bett der Sanna. Von der Courage des Jan Nowacki aber, der überlebte und später mit einer Kugel im Arm achtzig Jahre alt wurde, zeugen heute noch die verwitterten Einschusslöcher an den Heiligenfiguren des Friedhofs.

Feliksa Woźna aber hat an diesem Tag fast ihre ganze Familie verloren: Eltern und Geschwister, Säuglinge und alte Menschen starben und wurden verbrannt. Ihr Vater Andrzej Nowacki war offenbar schon zu Beginn des Dramas auf dem Friedhof erschossen worden, und als man ihn später fand, war das Geld des jungen Paares, das er drei Tage lang bei sich getragen hatte, verschwunden. Die Braut aber ist heute siebenundachtzig Jahre alt. Aus dem kindlichen, runden Gesicht von damals ist eine ausdrucksreiche Landschaft voll von mäandernden Furchen geworden.

Zuletzt habe ich Feliksa Woźna gesehen, als sie vom Brunnen Wasser holte. Sie ging jeweils einen kleinen Schritt an ihren Krücken, dann hielt sie inne, verschnaufte, legt die Krücken ab, bückte sich zum vollen, schweren Eimer und wuchtete ihn unendlich mühsam eine Spanne weiter, ihrer Hütte zu. Dann nahm sie die Krücken wieder auf, ging einen neuen, winzigen Schritt und griff wieder zum Eimer. Sie ist allein, sie ist arm, sie muss sehen, wie sie zurechtkommt. Die Ehe, die sie damals schloss, am Samstag vor Lichtmess, hat keine Kinder hervorgebracht, und ihr Mann, der junge Woźny aus Janiszów, aus dem später ein Lagerverwalter bei der LPG wurde, liegt längst draußen auf dem Friedhof. In der Stube aber, der Feuerstelle gegenüber, blickt von einer alten Photographie das traurigste Brautpaar der Welt.

Am Webstuhl der Zeit

SIE SITZEN und erzählen, und eine Stimme greift in die andere, eine Hand berührt einen Ellenbogen, Blick streift Blick, Wort gibt Wort, das Schiffchen fliegt durch den Webstuhl, die alten Muster, die alten Farben werden zu Bildern und Gestalten. Die Bässe und Baritone der Männer, der Alt und der Sopran der Frauen, das Entsetzen, das Glück: Borów webt seinen Teppich.

Wir haben uns im Haus des alten Kamecki getroffen, des Partisanen, dessen Enkel gerade Hochzeit hatte, des Mannes mit dem Kätzchen am Schoß. Alt ist er geworden; wenn er geht, kippt sein Oberkörper schräg vornüber, denn die Beine kommen nicht hinterher. Wenn er gesprochen hat, muss er noch einmal sprechen, denn die Zähne sind rar geworden. Laute, Silben, Worte sinken ohne Halt ineinander, und wer ihn nicht lange kennt, hat ihn beim ersten Mal nicht verstanden. Seine Frau hat sich irgendwann dazugesetzt. Jetzt hilft sie, wenn das Gedächtnis nicht heraus will mit den verbleichenden Bildern, und manchmal greift sie nach seiner Hand und hält sie fest, wenn sie wieder wie von selbst begonnen hat, auf die Tischplatte zu klopfen, als gelte es, mit aller Kraft den Rhythmus zu wahren, die innere Kraft, die das Zerfallende zusammenhält.

Wir sitzen um den Tisch gleich am Herd unter einem Kalender mit dem Bildnis des polnischen Papstes Karol Wojtyła, und wir sitzen schon stundenlang. Schatten und Licht sind durch die Stube gewandert im Gefolge der ziehenden Sonne draußen vor den Gardinen, und mit jeder Stunde ist jemand hinzugekommen: Marek Kolerski von nebenan, der große Sohn von Mutter Stanisława, dann, auf ihren Stock gestützt, Stanisława selbst. Mieczysław Stępień hat sich hinzugesellt von jenseits der Straße, ein Kamerad des alten Stanisław Kamecki aus Partisanenzeiten, ein Mann, von dem noch die Rede sein wird. Ein Wort hat das andere gegeben, während an der Wanduhr die Zeiger kreisen, eine Gestalt nach der anderen haben sie aus dem Vergessen geholt: Den grausamen Otto L. vom SS-Stützpunkt hinter dem Wald, einen Mann, für den die Deutschen 250 Geiseln erschießen wollten im Falle eines Attentats; den unergründlichen Wilejko, den Spion, der sich als Partisan ausgab, aber kurz vor dem Angriff verschwand. Die halbvergessenen Namen der Juden steigen wieder hoch, die Chyls, die Szlamas und die Moszeks, die schon vor jener Lichtmess am Dorfrand erschossen worden waren, und in deren leeren Häusern sich später die Partisanen einquartierten. Die junge Lucyna Jaśkiewicz steht plötzlich im Raum, die zwei Mann ins brennende Haus zurückwarfen, als sie das erste Mal entkommen war, und die man später erstickt in der Asche fand, den Kopf im Herd. Stanisław Kamecki kämpft mit seinem zerfallenden Gedächtnis, setzt an, bricht ab, setzt von neuem an, kommt in Fahrt, ist ein paar Minuten lang nicht zu halten, dann verliert sich der Faden wieder, und jemand anderes fährt fort, Mutter Stanisława vielleicht, oder Stanisławs Frau, die dann wohl auch wieder sein Handgelenk greift, um das Klopfen seiner Hand zur Ruhe zu bringen.

Man erzählt hier nicht nur. Man wählt, man prüft. Stimmt es, dass die Deutschen Wodka ausgaben, damit den Männern das Morden leichter von der Hand ging? Gehört hat man wohl davon, aber gesehen hat es niemand. Ist es wahr, dass es vor „der Aktion" so etwas wie ein Feldbordell der Besatzer in der Nachbarschaft gab, mit polnischen Frauen für die Männer der SS? –

Auch hierüber werden Zweifel laut, Mutter Stanisława schlägt die Stockspitze auf den Boden, und die These sinkt zurück in den Nebel. In Rede und Gegenrede formt das Dorf seine Erinnerung, härtet die Details des Bestätigten, fügt Stein auf Stein, Bild auf Bild: Deutsche Schützenreihen marschieren aufs Dorf, vor der Kirche eröffnet ein Soldat das Feuer, Panzerketten rattern, in Kellern voller Menschen detonieren Handgranaten, Benzin fließt über Tote. Durchnässte Menschen schleichen aus den Sümpfen, wärmen sich am lodernden Brand ihrer Häuser, verkohlte Spatenstiele heben sich vom Weiß des Neuschnees ab, während man die Toten bestattet. Der Sommer kommt, die Russen sind da, und die Mütter verstecken ihre Töchter.

Die Leute kennen sich hier. Die Familien sind geblieben, wo sie waren, die paar Namen, die auf dem Friedhof draußen immer wiederkehren, die Delekta, Wieczorek und Wilkosz, tauschen sich von Generation zu Generation zwischen den Familien her und hin und wieder zurück: Kamecka, geborene Delekta, Delekta, geborene Jaśkiewicz ... Jaśkiewicz, geborene ...? Man blieb bei der Scholle, man vermengte seine Familienlinien, man ließ seine Geschichten ineinandergreifen wie das Parkettmuster der Äcker draußen vor dem Wald. Wer jung war, heiratete das Nachbarskind oder höchstens einmal jemanden aus Janiszów. Wer älter wurde, blieb beim Acker, denn es gab eh nichts Besseres nach dem Krieg unter den Kommunisten. Zu Hause, da hatte man seine Schweine im Stall, während die in den Städten Schlange standen. In all diesen Jahren hat in Borów der Sudkessel der Geschichten gegart. Erst seit ganz kurzem, seit Europa seine Grenzen geöffnet hat und alles was jung ist nach England jettet, ist der Deckel einen Spalt breit geöffnet, und das Einmachglas atmet Luft.

Vieles ist in diesem Gärsud entstanden und gereift. Die Geschichten von Mariä Lichtmess sind wieder und wieder erzählt worden, haben sich aneinander geformt und ineinander gefügt, haben längst begonnen, sich in ersten einfachen Reimen zu festigen, die unerwartet und spontan, auswendig memoriert und immer wieder in neuen Varianten aus den Leuten hervorströmen.

Sie haben noch lange zusammengesessen an diesem Nachmittag. Die Sonne wanderte übers Fenster, bis die Stube mit dem Bild des Papstes im Schatten lag. Immer mehr waren sie geworden, und der Dunst von Suppe und Menschen füllte den Raum. Das Schiffchen flog durch den Webstuhl, die Handkante des Alten auf der Tischplatte schlug den Takt wie der Stab des Rhapsoden in den Hainen Griechenlands. Manchmal hat seine Frau dann nach seinem Handgelenk gegriffen, als wolle sie dem, was da hochkommen könnte, Einhalt gebieten. Manchmal aber hat Mutter Stanisława auch mit der Stockspitze sekundiert, bis Borów voll war vom Klopfen der Alten.

Archiwum Państwowe

ES GIBT aber noch ein anderes Erzählen. Wer seinen Spuren folgen will, nimmt von Borów die nördliche Landstraße nach Annopol und hält sich dann östlich Richtung Lublin. Durch winklige Gassen und bucklige Pflastersteine geht es dann den Berg hinauf in die alte Stadt der polnischen Könige. Die mächtigen Bürgerhäuser, jedes für sich eine veritable Festung mit Basteienwänden und Löwen an den Toren, rücken näher und näher zusammen; noch ein Durchgang unter einem gotischen Turm, dann öffnet sich ein Platz, und neben einer barocken Kirchenfassade führt eine Treppe ins Innere.

„Archiwum Państwowe", Staatsarchiv. Man spricht hier nicht, und schon gar nicht klopft man mit der Stockspitze auf die Dielen. Man flüstert. Duft von altem Papier, von Leim und Leder füllt die Gewölbe, etwas Elektrisches summt diskret. Die Zeiten fließen ineinander. Mit seinem soliden Mauerwerk steht der alte Lesesaal tief im Boden verflossener Epochen, aber das bläuliche Licht der Laptops im Halbdunkel lässt keinen Zweifel daran, dass das 21. Jahrhundert sein erstes Jahrzehnt schon fast vollendet hat.

Die Saaldienerin, eine altmodisch freundliche Dame mit besonders leisem Flüsterton und weißen Handschuhen, hat einen Stapel Kladden gebracht, in Leinen gebundene Verzeichnisse, kartonierte Dossiers mit sorgfältig gebundenen Schleifen und vielstelligen Signaturen. Auf der obersten Vignette prangt eine deutsche Aufschrift: „Der Kommandeur der Sicherheitspolizei und des SD für den Distrikt Lublin".

Die Reise beginnt. Ich hatte um die Akten der deutschen Besatzungsmacht im Distrikt Lublin gebeten, und jetzt gibt das Archiv die Stufen frei in die Tiefe: Getippte Vermerke ziehen vorbei, hier auf zarten, fast durchsichtigen Blättern für die obligaten fünf Durchschläge des deutschen Schreibmaschinenfräuleins, dort wieder auf festem, zuversichtlichem Kontorpapier, als sollte jeder Vermerk hier ewig halten oder doch mindestens so lang, wie ein tausendjähriges Reich währt. Jedes Blatt lüftet einen Schleier, jede Notiz fegt eine Staubschicht fort, und aus den gehämmerten Typen der Adler-Schreibmaschinen, aus den steilen Sütterlin-Schnörkeln der Tintenstifte, (man leckte sie an, um sie unradierbar zu machen) entfaltet sich das Panorama einer deutschen Herrschaft.

Man schreibt das Jahr 1943. Seit vier Jahren ist Polen besetzt. Zweitausend Kilometer östlich, an der Wolga, geht die Wehrmacht ihrem Untergang entgegen, Stalingrad ist gerade verloren, aber hinten in den besetzten Ländern entfaltet sich still und unerbittlich das Leben der Okkupation.

Es sind die dunkelsten Jahre der polnischen Geschichte. Hitler und Stalin haben nach ihrem abgesprochenen Überfall im September 1939 das Land geteilt. Den Westen annektierte das Reich, den Osten besetzte die Sowjetmacht, und das alte Zentrum zwischen Warschau, Krakau und Lublin haben die deutschen Eroberer in ein düsteres Sklavenreservat mit dem Namen „Generalgouvernement" verwandelt. Hans Frank, der Chef der Okkupationsbehörden, hat seinen Sitz auf der Wawelburg genommen, dem alten Krakauer Königsschloss. Keinem unterstellt außer Hitler persönlich, hat er das Generalgouvernement als gigantisches Arbeitslager zu organisieren, als Menschenreservoir für die deutsche Rüstung, als Siedlungsraum für deutsche Kolonisten, und nicht zuletzt als Tatort des Holocaust.

Blatt um Blatt entfaltet sich der Alltag dieser versunkenen Kolonie, und auf ihren erhaltenen Akten erinnern nur die Stempel mit der polnischen Aufschrift „Archiwum Państwowe" wie späte Triumphzeichen daran, dass der Albtraum vorbei ist. Die Durchschlagspapiere der Bürofräuleins, die Hakenkreuzstempel der Kompaniefeldwebel, die unsterblichen Herrschaftsformeln der deutschen Verwaltung, das „Betr.", das „gez." und das „i. A." suggerieren eine Unbesiegbarkeit, von der damals, im Jahr 1943, noch nicht viele wussten, dass sie nur blutige Illusion war. „Laut Attest von Herrn Stabsarzt Dr. Laurentz ist Fräulein Ilse Wölk bis auf weiteres arbeitsunfähig" bestätigt ein „Dr. Rauenbusch, Chefarzt".

Dokument für Dokument die tägliche Routine der Versklavung. Eine „Haushaltsüberwachungsliste 1942" erinnert an die Plünderungspolitik der deutschen Besatzer, eine Kladde mit dem Titel „Stand der Erfassung von Getreide" an die Hungerstrategie, nach der alles, was die Scheuern und Speicher der Bauern hergaben, im Rahmen unerbittlicher Abgabenormen abgeliefert werden musste. Eine Anweisung zum „Düngerstätten-, Jauchegruben- und Gärfutterbehälterbau" dokumentiert, mit welcher Detailverbissenheit die deutsche Verwaltung jede Entscheidung im Lande an sich riss, und eine Kladde über die

Führung von „SS-Bäckereien" („Handakte") dokumentiert, dass, anders als eine idyllische deutsche Redensart es haben will, nicht nur die Liebe durch den Magen geht, sondern mindestens eben so sehr auch der Wille zum Mord. „In der letzten Zeit ist es mir aufgefallen", diktiert ein „Dr. Haße" noch am 5. Mai 1944, kurz bevor die von Osten her anrollende sowjetische Armee dem Spuk ein Ende machte, „dass die unteren Verwaltungsbehörden ihre Verfügungen und Berichte z. T. gar nicht mit dem im Aktenplan vorgesehenen Aktenzeichen versehen und es auch unterlassen, bei ihren Berichten auf hiesige Verfügungen durch Angabe der hiesigen Aktenzeichen usw. hinzuweisen." Zum Umlauf, gez., im Auftrag, „Der Gouverneur des Distrikts Lublin".

Kapitel für Kapitel gibt das Generalgouvernement sein Inneres preis. Die Akte „Prüfung der Volkstumszugehörigkeit" erinnert daran, wie eine perfide Politik der Ausgrenzung die Bevölkerung in verschiedenen Kreisen der Hölle ansiedelte, von der untersten Kategorie der „slawischen Untermenschen" über die vier Stufen der „Volksliste" bis hinauf zum „volksdeutschen" Herrenmenschen – wobei die Zwischenkategorien der „Eindeutschungsfähigen" oder der vaterlandsvergessenen „Renegaten" für diverse Stufen von Bevorzugung oder Schikane vorgesehen waren, bis hinab zum Kindsraub zum Zwecke der staatlich betriebenen Eindeutschung.

Die Katalogvermerke „Umlegung des Dorfes Zezulin" und „Umlegung des Dorfes Polanowka" verweisen schließlich auf eine der Hauptaufgaben der Besatzungsbehörden: Dieses gigantische Arbeitslager nämlich, das gewesene Polen, galt nach dem geheimen „Generalplan Ost" der Berliner Führung als Ansiedlungsgebiet für deutschstämmige Kolonisten, die nach Hitlers Willen aus dem Generalgouvernement „im Laufe von 15 bis 20 Jahren ein rein deutsches Land" machen sollten. Was mit den Polen geschehen sollte, die man einstweilen dort zusammenpferchte, ist unklar geblieben; einstweilen aber waren die Vorschriften eindeutig: Leerung der Dörfer, Deportation: „Pro Pole ein Koffer mit Ausrüstungsstücken (kein sperrendes Gut), vollständige Bekleidung, pro Pole eine Decke (keine Betten), Verpflegung für 14 Tage", hieß es in den Transportanweisungen. Die erste groß angelegte Kolonisierungsaktion im Rahmen dieses Plans fand zwischen 1942 und 1943 rund um die Stadt Zamość statt und erfasste 300 Dörfer. Etwa 110.000 polnische Bauern wurden vertrieben, mehrere zehntausend kamen in die Konzentrationslager Auschwitz und Majdanek, viele schaffte man zur Zwangsarbeit nach Deutschland oder in Arbeitslager an Ort und Stelle. In den Beständen des Staatsarchivs Lublin erzählen Dossiers mit Titeln wie „Ärztliche Untersuchung und Entlausung von polnischen Arbeitskräften" oder „Arbeitseinsatz. Behandlung der polnischen Landarbeiter im Reich" von diesem Kapitel der Besatzungsgeschichte.

Kladde für Kladde türmt die stille Saaldienerin auf den Tisch. Die Mitteilung vom 28. Februar 1944, eine „Notiz für den Gruppenführer" der SS, ist trocken und kurz: „Wie bereits gemeldet, wurden vom Lager Kraśnik 40 Häftlinge einer Sonderbehandlung zugeführt, so dass die vollkommene Ruhe und Ordnung wiederhergestellt ist." – „Gez. Obersturmfhr.", Unterschrift unleserlich. Mit dieser Meldung über die „vollkommene Ruhe" infolge von „Sonderbehandlung" (selbst die SS scheute wohl davor zurück, das Wort „Erschießung" offen zu verwenden) berühren die Archivalien von Lublin zum ersten Mal das Herz der deutschen Herrschaft in Polen: den Terror.

Hitler selbst hatte zehn Tage vor dem Überfall auf Polen, dem Beginn des Zweiten Weltkrieges, für diesen Terror die Generallinie definiert. Aus dem Protokoll seiner Ansprache an die Führer der Wehrmacht am 22. August 1939 ist ersichtlich, wie er sich den Krieg vorstellte: „Vernichtung Polens im Vordergrund", schärft der Führer seinen Generälen ein. „Ziel ist die

Beseitigung der lebendigen Kräfte ... Herz verschließen gegen Mitleid. Brutales Vorgehen. Vor allem", notiert der Protokollant, „seien alle Vertreter der polnischen Intelligenz umzubringen. Dies klinge hart, aber es sei nun einmal das Lebensgesetz." Die „Totenkopfverbände" der SS hätten deshalb Befehl, „unbarmherzig und mitleidlos Mann, Weib und Kind polnischer Abstammung und Sprache in den Tod zu schicken." – „Seien Sie hart, seien Sie schonungslos", verlangte Hitler. „Handeln Sie schneller und brutaler als die anderen. Die Bürger Westeuropas müssen vor Entsetzen erbeben."

Der deutsche Terror in Polen ist selbst nach nationalsozialistischen Maßstäben beispiellos gewesen. Kollektivstrafe, Sippenhaft, Geiselerschießung – das waren ihre Methoden, und schon auf kleinste Akte der Insubordination, etwa auf das Dulden eines Plakats zum polnischen Nationalfeiertag an einer Hauswand, stand die Todesstrafe. Hans Frank, Hitlers Statthalter in Krakau, blickte dabei mit leiser Geringschätzung zur ebenfalls besetzten Tschechoslowakei hinüber. „In Prag waren z. B. große rote Plakate angeschlagen, auf denen zu lesen war, dass heute sieben Tschechen erschossen worden sind", bemerkte er im Februar 1940. „Da sagte ich mir: Wenn ich für je sieben erschossene Polen ein Plakat aushängen lassen wollte, dann würden die Wälder Polens nicht ausreichen, das Papier herzustellen für solche Plakate."

Zwischen fünfeinhalb und sechs Millionen polnische Bürger haben die deutsche Besatzung mit dem Leben bezahlt, etwa die Hälfte von ihnen waren Juden. Polen hat damit mit einer Opferquote von 15,7 Prozent unter allen Staaten, die der Krieg verwüstete, den höchsten Blutzoll erbracht. Diese Opfer waren schwerer als die der Sowjetunion (12,4 Prozent) oder Jugoslawiens (10,8 Prozent), und allein in der Hauptstadt Warschau wurden doppelt so viele Menschen ermordet wie im gesamten besetzten Frankreich.

In die Bestände des Staatsarchivs Lublin haben sich die Spuren dieses Terrors ebenso eingegraben, wie die Zeugnisse jenes anderen Hauptaspekts der deutschen Herrschaft in Polen – des Holocaust. Band auf Band gibt seinen Inhalt preis. Auf Titel wie „Einziehungsverfügungen von Vermögen der Juden" folgen die Mappen „Judenangelegenheiten (Judenaussiedlung, Ghettobildung)" sowie „Judeneinsatz/Polizeirazzien". Die Papiere zum „KL (Konzentrationslager) Lublin" enthalten Dokumente zu den „Wasch- und Abortbaracken" des Lagers, zur „Küchenanlage mit 24 Kesseln" und zur „SS-Badeanstalt" dortselbst, ebenso wie Akten unter dem Stichwort „Entlausung und Kr.(ematorium)". Ein Entwurf für die „Überdachung der Wasserbecken für die Borstenzurichterei der Ostindustrie GmbH auf dem KL-Gelände, 1:100" erzählt von der ökonomischen Funktion der Lager im System der Kriegswirtschaft, und ein Dokument zur „Klärgasverwertung System SAG Auschwitz II" wirft ein Schlaglicht auf die enge Verflechtung von Kriegsproduktion und Massenmord im Kosmos von Auschwitz und seinen Dependancen. Ein Bericht vom Arbeitslager Kraśnik vom 19. Februar 1944 erwähnt eine Gruppe von Juden, die nach der Aufdeckung eines Fluchtversuchs durch „V-Personen" „der Endlösung zugeführt wurden". Drei Tage später meldet dasselbe Lager, zur „Ausschmückung des SS-Führerheims" sei nunmehr ein Scheck über 200.000 Złoty übergeben worden.

Und die Deutschen? Die Menschen, die all das tippten, stempelten, taten? Die Schreibstubenfräuleins, Amtsdirektoren, Soldaten, Tierärzte und Folterknechte, das Fußvolk des Besatzungsregimes? – Auch sie haben in den Beständen des Staatsarchivs zu Lublin ihre Spuren hinterlassen. Da gibt es Dokumente über „Kindergärten für volksdeutsche Kinder" und solche über die „Kinder- und Mütterverschickung nach Bad Rabka." Eine Notiz über den „Einsatz nationalpolnischer Haushaltsgehilfinnen für reichsdeutsche Haushaltungen" erinnert an das Hitler-Wort, dass es für die Polen „nur einen Herrn" geben dürfe, und das sei „der Deutsche", und ein Rundschreiben der „Diözese Lublin/Deutsche Evangelische Gemeinde" mit den weihnachtlichen Gottesdienstterminen für „evangelische Volks- und Glaubensgenossen" endet „mit den besten Weihnachtsgrüßen und Heil Hitler!"

Auch das Ende des Albtraums, den Zusammenbruch des Reichs, mag, wer will, aus den Akten von Lublin ablesen. Ein Bericht von jenen Tagen Anfang 1944, als Borów brannte, lässt ahnen, wie die einst so furchterregenden deutschen Streitkräfte sich damals längst in einen zerschossenen Haufen von Desperados zu verwandeln begannen. Am 10. Februar berichtet ein Obersturmführer „i. A." an den SS- und Polizeiführer in Lublin: „Die zum SS-Arbeitslager Kraśnik kommandierten Wachmannschaften in Stärke von 13 Mann sind zum großen Teil mit einem derart schlechten Schuhwerk ausgestattet, dass es kaum noch möglich ist, hierin einen vorschriftsmäßigen Dienst auszuüben."

Wieder hat die Saaldienerin lautlos eine Mappe hingelegt: Personalakten, Urlaubsanträge, Krankmeldungen. Der Papierstaub steigt in die Nase. Manche Dokumente sind frisch wie von gestern, andere sind zur Hälfte verkohlt, und Gott allein weiß, welchem Feuer sie entgangen sind, als dann im Sommer 1944 die Rote Armee eintraf und der Albtraum ein Ende hatte.

DIE ANGESENGTEN Papiere haben die Archivare von Lublin übrigens sorgfältig restauriert. Blatt für Blatt haben sie die bräunlich-weißen Fetzen aus den verbrannten Kanzleien des Feindes geborgen, geglättet, nummeriert und an den zerfallenden Rändern mit einer sorgfältig applizierten Schicht aus geschmeidigem Ersatzstoff gefestigt. Sie haben gerettet, was zu retten war von der großen, schrecklichen Erzählung des

Archiwum Państwowe, und sie haben das Gedächtnis ihrer Nation erhalten – genau wie die Baumeister von Warschau, die die verbrannte Hauptstadt mit dem Schloss der Könige wieder aufrichteten, kaum dass die Zerstörer fort waren.

Ein Blick ins Tal

HIER IST der Berg, und unten liegt das Dorf. Eine stille Allee senkt sich zwischen Pappeln ins Tal, von den Dächern steigt silbriger Rauch, und vom Marienbild am Wege, dem ewigen Wahrzeichen aller polnischen Landstraßen, blättert die Farbe. Die Sicht von der Höhe auf Szczecyn ist offen wie damals frühmorgens, als das Dachstroh in Flammen stand und der Knabe Winicjusz Natoniewski quer durch die Detonationen über die Straße rannte, weil alles an ihm brannte.

Die Schussbahn ist frei von hier oben. Szczecyn liegt im Morgendunst. Weiter hinten, jenseits der Hügel, liegt Borów, und noch ein Stückchen weiter fließt die Weichsel. Unten im Dorf, rechts von der Kreuzung, ist noch der Stall des Dorfschulzen Konopka auszumachen. Er war aus Stein gebaut und gehörte deshalb zu den wenigen Gebäuden, die jenen zweiten Februar überstanden, an dem, wie es in der Lagemeldung der deutschen Kommandantur später hieß, hier, auf dem Gipfel der „Kamienna Góra", die Geschützbatterie stand. Links von der Kreuzung, bei der Kapelle der Muttergottes, wo jetzt gerade die Kinder zum Schulbus laufen, war der Sammelplatz. Für die, welche am Abend nach Lichtmess noch am Leben waren, hat von hier die Reise begonnen, in die Lager, zur Zwangsarbeit, in den Tod. Noch weiter links, wo der Wald beginnt, lag die Hütte Wacław Mendiks, des Warners, der barfuß durchs Dorf rannte. Dahinter begann der Wald der Partisanen. Das Land liegt still; nur ein Hund bellt in der Ferne.

Am Gesicht des Winicjusz Natoniewski erkennt man, wie weit das Nahe sein kann, und wie nah das Entfernte. Wer den Blick nicht abwendet von diesen zernarbten, furchig ineinandergreifenden Flächen in Feuerrot, Hellbraun und Fahlgelb, von den scharf abgegrenzten haarlosen Partien der Kopfhaut, den versengten Lidern, dem verstümmelten Ohr und der zerstörten Nase, der weiß, dass jener Februarmorgen vor 65 Jahren so nah ist wie der gestrige Tag. Wer aber die stillen Augen dieses Mannes beobachtet, wie sie ruhig und ohne Hast an einem imaginären Punkt der Konzentration haften, während das Gedächtnis bedächtig die Erinnerung emporholt, wer das kleine Lächeln notiert, mit dem der Alte leise und unspektakulär von der Minute erzählt, als vom Berg her die ersten Geschosse einschlugen, der spürt in der Ruhe dieses Zeugnisses, wie lang das alles her ist.

Andere sind glimpflicher davongekommen. Beim „Sołtys" Jan Konopka, dem Dorfschulzen, kann man schon frühmorgens unangemeldet anklopfen. Die Tür ist offen, eine Stimme sagt „Herein", und im Duft von Zwiebeln und Suppensud, dem Vorboten des Mittags, trocknet sich Janina Konopka, die Frau des Hauses, die Hände an der Kittelschürze. Schon kommt der Sołtys in Gummistiefeln vom Stall herüber. Sie bitten mich ins Wohnzimmer und während von den Wänden Jesus und Maria die alt gewordenen Kinder von Szczecyn bei ihrer Reise ins Vergangene betrachten, während Jan Konopka tief Atem holt und dann nach einem geseufzten „Oh Panie", mein Herrgott, seine Erzählung beginnt, hat die Hausfrau schon Kaffee mit selbstgemolkener Milch hingestellt.

Und dies ist die Erzählung des Herrn Winicjusz, des Herrn Jan und der Frau Janina.

Der Tag hatte noch nicht recht begonnen, und niemand hatte es erwartet. Man wusste zwar, dass in den Wäldern Partisanen waren, die manchmal aus den Dörfern Lebensmittel holten, aber in den letzten Tagen hatten sie stillgehalten. Als deshalb plötzlich im ersten Tageslicht Granaten einschlugen, als vom Dorfrand her kopflos brüllend Wacław Mendik gerannt kam (barfuß, weil er keine Zeit gefunden hatte, sich Schuhe anzuziehen), als er dann schrie, sie sollten nur alle rennen, denn es sei aus, sie schössen alles nieder, da war es für viele schon zu spät. Das Dorf war umzingelt. Die Deutschen kamen und vom Berg her schlugen die Granaten ein.

Der Angriff auf Szczecyn begann mehrere Stunden früher als der auf Borów. Wir wissen nicht, wer die Deutschen führte und nach welchen Gesichtspunkten sie operierten, aber offenbar sind sie systematisch vorgegangen. Der Grundsatz der Blitzkriege, dass die verfügbaren Kräfte schnell und beweglich an immer neuen Brennpunkten zu sammeln sind, um am entscheidenden Ort stets überlegen zu sein, die Formel, nach der die Wehrmacht ihre frühen Siege erfochten hatte, galt wohl auch in der Stunde des Massakers. Dorf auf Dorf, Mord auf Mord: stets mit allen Kräften an einem Punkt, erst Artillerie, dann Panzerfahrzeuge und Schützenkette – ein Einsatz wie aus dem Handbuch.

Winicjusz Natoniewski war ein Junge von fünf Jahren. Der Hof war schon wach. Die Erwachsenen kümmerten sich um die Tiere, der Vater war gerade mit der Milchkanne unterwegs, um das Kontingent für die Besatzer abzuliefern. Die Kinder saßen mit dem Großvater an der Ofenbank, als eine ohrenbetäubende Detonation den Beginn des Endes signalisierte. Eine Granate war in der Scheune eingeschlagen, so nah, dass es Großvater und Enkelkinder von der Bank fegte. Der Angriff hatte begonnen.

Jan Konopka, der spätere Sołtys, damals dreizehn Jahre alt, stand in diesem Augenblick ein paar Häuser weiter auf dem Hof. Er hörte, wie die ersten Brandgeschosse ins Dachstroh zischten, er sah den Barfüßigen vorbeirennen, und im gleichen Augenblick ist er selber losgerannt. Janina, seine heutige Frau, ging da gerade auf der Straße zwischen den eng stehenden Holzhäusern entlang. Erst floh das Mädchen in einen Stall, doch als die Mordkommandos näher kamen und sie begriff, dass jeder sterben musste, der jetzt kein besseres Versteck fand, versuchte sie sich in die Abflussröhre des Dorfteichs zu retten. Weil aber dort vor lauter sich ebenfalls versteckenden, zusammengedrängten Nachbarn längst kein Platz mehr für sie war, musste sie weiter. Während in den mit Menschen überfüllten Kellern schon die Handgranaten detonierten, während Winicjusz Natoniewski zusammen mit dem Großvater und seinem mittlerweile wieder heimgekehrten Vater in einer Kartoffelgrube Zuflucht suchte, fand Janina Unterschlupf im Schilf des Teiches.

Die Bäuerin hat das Zwiebelmesser beiseite gelegt und die Suppe vergessen. Konzentriert, präzise hat sie Sekunde für Sekunde des damaligen Geschehens wieder hochgeholt. Jetzt herrscht einen Moment Stille. Endlich löst der alte Bauer das Schweigen. „Boże kochany", fährt es aus ihm hoch, „oh lieber Gott", wie ein neuer Auftakt – dann geht die Erzählung weiter.

Szczecyn ist damals genau wie Borów bis auf die Grundmauern niedergebrannt. Deutsche Soldaten und nach Aussage der Überlebenden wohl auch ukrainische SS-Leute unter deutschem Kommando zogen von Haus zu Haus. Schnell und systematisch ging das Töten, ganz als gelte es, Zeit zu sparen, die Stunde nicht zu verpassen, zu der ein paar Kilometer weiter, drüben in Borów, die Messe begann. Bald stand das Dorf in Flammen, und die Kartoffelgrube, in welche Winicjusz Natoniewski sich samt Vater und Großvater hineingekauert hatte, füllte sich mit Qualm.

Der Vater rannte los, als klar war, dass sie alle ersticken würden. „Ich such ein Versteck ... Ich hol euch ..." – ein Absprung, zwei schnelle Schritte, und schon hatte der Rauch ihn verschluckt. Winicjusz Natoniewski weiß noch genau, wie er mit dem Großvater zurückblieb, wie die heißen Schwaden in die Lunge drangen, wie sie die Augen, die Schleimhäute verätzten, wie er, der Knirps, sich voll Angst zum Großvater wandte – nur um zu sehen, dass der Alte in seinem Erdloch längst zusammengesunken war, bleich und schlaff und halb erstickt.

Der Augenblick war da, der das Leben Winicjusz Natoniewskis verändern sollte. Der Junge rannte los – ohne Ziel, nur raus aus dem qualmenden Loch, vorbei an dem lodernden Haus Richtung Atemluft. Er rannte um sein Leben – und merkte nicht, dass er längst brannte, dass das Feuer auf ihn übergegriffen hatte, dass Kleider, Hände, Haare schon in Flammen standen. Erst als von irgendwoher der Vater aus dem Versteck stürzte und das lichterloh entflammte Kind zu Boden riss, um es mit Pfützenschlamm zu löschen, wurde Winicjusz bewusst, das er in diesen Sekunden, wie er es heute leise beschreibt, „als lebende Fackel" das Szenarium des Untergangs erleuchtet hatte. Als er merkte, wie ihm geschah, war der Vater schon wieder in seinem Versteck verschwunden. Zuvor aber hatte er das Kind noch seiner Tante Józefa Rogalla in die Arme gedrückt, die gerade zusammen mit anderen Frauen zum Dorfplatz rannte, weil sich herumgesprochen hatte, dass die Deutschen nach einer ersten Phase des wahllosen Mordens begonnen hatten, die transportfähigen Frauen und Kinder zu verschonen. Maria Baran, ein Mädchen aus der Nachbarschaft, heute eine Greisin mit Tränen in den Augen, die zur gleichen Zeit an der Hand der Mutter ebenfalls über die Dorfstraße hetzte, erinnert sich, wie mehrere Frauen den vor Schmerzen tobenden Winicjusz zu beruhigen versuchten, damit er still hielte und die Soldaten ihn am Leben ließen. Sie sah ihn, weil sie sich gerade der Mutter entwunden hatte, die im Entsetzen jener Minute kein besseres Mittel zum Schutz ihres Kindes wusste als dem Mädchen inmitten der Apokalypse die Augen zuzuhalten. So sah Maria Baran dann den schreienden Winicjusz und behielt ihn bis heute im Gedächtnis. Ihren ungehorsamen Entschluss, die Augen zu öffnen, büßte sie außerdem mit einem Bild, das ihr seither nicht mehr aus dem Sinn gegangen ist: Frau Ufniarz, eine Nachbarin, kauert vor einem Soldaten, hebt ihm ein Kind entgegen, will ihm etwas sagen. Der Soldat hebt das Kind an der Ferse hoch, tötet es mit einem Pistolenschuss, dann tötet er die Frau. Den verbrannten Winicjusz aber hat Józefa Rogalla, die Tante, dann bis zum Abend in Armen getragen. Ihr Sohn und ihr Mann wurden unterdessen im Dorf erschossen.

In der Tat war das anfänglich wahllose Morden der Soldaten im Laufe des Vormittags einer anderen Vorgehensweise gewichen. Es ist nicht ganz klar, was das Zeichen dafür war; der Schultheiß Konopka spricht von einer Signalrakete, Natoniewski erinnert sich an den Befehl eines Offiziers auf einem Motorrad – auf jeden Fall aber stellten die Deutschen das unentwegte Feuer der ersten Angriffsphase ein, und die, welche jetzt noch lebten, wurden bei der Marienkapelle zusammengetrieben. Abends ging es dann weiter, zuerst zu Fuß und unter Bewachung, später per Lastwagen ins Arbeitslager Kraśnik, dem selben, in dem etwa zur gleichen Zeit jener Obersturmführer über seine mangelhaften Schuhe klagte. Andere kamen zur Zwangsarbeit nach Deutschland oder sie traten ihre letzte Fahrt ins Konzentrationslager an. Alles in allem scheint es jedenfalls, als hätten die deutschen Befehlshaber hier in Szczecyn anders als ein paar Kilometer weiter in Borów ab einem bestimmten Zeitpunkt begonnen, die Bewohner nicht mehr bloß als zu vertilgendes Ungeziefer zu betrachten, sondern auch als brauchbare Ressource der deutschen Kriegswirtschaft. Auch in einigen anderen Dörfern ist das offenbar so gewesen. Die deutsche Lagemeldung des folgenden Tages jedenfalls erwähnt 300 „Familienangehörige" der erschossenen „Banditen und Verdächtigen", die nach der

„Großaktion" vom zweiten Februar zur „Weiterleitung an das Arbeitsamt abtransportiert" worden seien.

Auch die beiden Jungen, der verbrannte Winicjusz und Jan, der spätere Sołtys, sind damals mitgezogen. Natoniewski, den seine Tante auf Armen trug, erinnert sich, wie die Überlebenden im Schlamm der Wege immer wieder über Tote steigen mussten, und Konopka hat in Erinnerung behalten, wie die Soldaten eine alte Frau, die nicht mehr weiterkonnte, am Wegrand erschossen; am Verladeplatz dann hat er zum letzten Mal seinen Vater gesehen: beim Einstieg in die wartenden Lastwagen, als die wenigen lebend gefangenen Männer von Frauen und Kindern getrennt wurden. Nur zwei der Männer, die in diesem Augenblick noch lebten – nach Konopkas Schätzung insgesamt wohl etwa dreißig – sind nach dem Krieg heimgekehrt.

Und die Täter?

Wie die Überlebenden von Borów haben auch die Leute in Szczecyn eine eigentümlich differenzierte Erinnerung an sie. Maria Baran beschreibt die Szene mit dem erschossenen Kind, wobei die Augen, die sie damals verbotenerweise öffnete, sich bis heute beim Berichten glasig weiten, ganz so, als habe sie dieses Bild nicht vor fünfundsechzig Jahren gesehen, sondern vor einer Minute. Auch sie berichtet kurz und knapp, wie so viele dieser Alten hier. Sobald alles erzählt ist, tritt eine Pause ein, und die Spannung weicht. Zum Abschluss dankt Maria Baran mir dafür, dass sie sprechen durfte.

Janina Konopka, die Frau des Schulzen, die durchs Teichschilf floh, erzählt ebenso trocken und gerafft, doch ihre Geschichte ist eine andere: Ein Soldat stand plötzlich wie aus dem Boden gestampft vor dem rennenden Mädchen, versperrte den Weg, es gab kein Vorbeikommen – und dann begann er, statt zu feuern, plötzlich mit den Armen zu rudern und etwas zu schreien. Das Mädchen verstand: Dies war ihre Chance. Erst als sie schon rannte, schoss der Soldat – in die Luft, mit Absicht daneben, so dass dem Kind nichts geschah. Janina Konopka schwingt die erhobenen Unterarme beim Erzählen, die Hände winken von innen nach außen, als wolle sie etwas fortjagen, wie damals dieser Mann, hastig, fahrig, angstvoll. So war er, der Soldat der nicht schoss, so hat er gewinkt, und so, mit seinen rudernden Armen, ist er ihr in Erinnerung geblieben, bevor die Geschichte ihn verschluckte.

Am Tag darauf ist frischer Schnee gefallen auf Borów und Szczecyn, auf Wólka Szczecka, Łążek Chwałowski und Łążek Zaklikowski. Wer überlebt hatte, wurde in alle Winde verstreut – ins Lager, zur Zwangsarbeit, in die Verstecke der Wälder. Winicjusz Natoniewski lag vier Wochen im Fieberwahn, dann drei Jahre in den desolaten Krankenhäusern des zerstörten Polen, bis sein verbranntes Gesicht, seine zu wulstigen Knollen heruntergebrannten Hände so weit geheilt waren, dass er wieder eine Schule besuchen konnte, um schließlich Zootechniker in einem der Staatsgüter zu werden, die die kommunistische Macht nach dem Kriege schuf. Nach Hause ist er nicht wieder heimgekehrt. Er kehrte Szczecyn den Rücken und lebt heute – Flüchtling unter Flüchtlingen – in Polens „gewonnenen Gebieten", im Dörfchen Lublewo (ehemals Groß Lüblow) an der Ostsee, wo einmal das deutsche Pommern war. Ein gnädiges Schicksal hat ihm eine Frau zugeführt, eine Angestellte von der Kulturabteilung des Staatsgutes, die abends, wenn der junge Verbrannte noch ein wenig zum Fernsehen in den Bürotrakt kam, mehr in ihm sah als nur den Albtraum eines zerstörten Gesichts. 1968 hat sie ihn dann geheiratet und ihm zwei Töchter und einen Sohn geboren.

Jan und Janina dagegen, der Sołtys und seine Frau, sind nach Szczecyn zurückgekehrt. Nachdem die Deutschen am Tag nach dem Brand noch einmal gekommen waren, um das entlaufene Vieh einzufangen und etwaige Überlebende zu erschießen (wobei mehrere Zeugen den SS-Mann Otto L.

erkannten, von dem noch die Rede sein wird), haben die beiden ihr Dorf wieder in Besitz genommen. Sie gruben sich mit den anderen Überlebenden in Kellern und zwischen Mauerresten ein, bis der Frühling kam, und als kurz darauf die Front übers Land ging, verloren sie allenfalls noch ein paar Tiere an die russischen Soldaten, die mitnahmen, was sie so fanden.

Langsam ist dann das Dorf wieder entstanden. Man holte Stämme vom Wald und Schilf vom Teich. Hof nach Hof wuchs wieder hoch, zuerst in Holz, wie vor dem Krieg, später dann aus Zement und Ziegeln. Am Sammelplatz bei der Kapelle, wo damals die Überlebenden zusammengetrieben wurden, haben die Bauern eine Kirche gebaut, und an die Kreuzung haben sie ein Kruzifix aus Eisenträgern gestellt, an dessen Armen rosa und gelbe Plastikblumen prangen. Mittlerweile sind die ersten Hütten dieser Nachkriegsjahre schon wieder zu Ruinen verfallen. Hohle Fenster starren ins Leere, nebenan haben die Kinder und Enkel sich neue Häuser angeschafft, komplett mit Ikea-Küche und Mikrowelle.

Jan und Janina aber sind alt geworden, und auch ihrem Hof, einem großen, von einem Bretterzaun umhegten Geviert, sieht man an, was ein halbes Jahrhundert ist. Ausgestattet mit einer imposanten Mistgrube, einer Anzahl von Hennen nebst Hahn, sowie einem Hofhund, der in Erfüllung seiner Pflichten so oft an seiner Kette hin- und hergelaufen ist, dass eine tiefe Trabspur sich im Halbkreis um seine Hütte eingegraben hat, ist dieser Hof aus einer Vergangenheit übriggeblieben, die noch nichts wusste von den gigantischen Schweinefabriken des neuen Europa.

Zum Schluss hat der Hausherr mich noch über das Anwesen geführt, hat den Hund gestreichelt, hat erzählt, hat innegehalten, wieder erzählt. Damals, als alles vorbei war und der Winter dennoch kein Ende nehmen wollte, haben sie in den ragenden Schornsteinen, die von ihrem Dorf noch übriggeblieben waren, aus Getreideresten Brot gebacken. Die mächtigen gemauerten Herde, die gleichen, die bis heute mit ihren ausladenden Kaminen und eisernen Herdplatten jede Bauernküche der Wojewodschaft Lublin beherrschen, hatten den Flammen standgehalten, und Feuerholz gab es genug. „Den Duft hat man dann bis hinauf zum Berg gerochen", konstatiert die alte Bäuerin sachlich und wischt sich die Hände an der Schürze ab. – „Bis hinauf zur Kamienna Góra, wo die Kanonen waren". „Ja, ja", seufzt der alte Bauer. „So war es".

ICH HATTE mich zuerst gefragt, ob ich Maria Barans Bericht vom getöteten Kind glauben sollte. Nicht, dass ich der alten Frau eine Lüge zugetraut hätte; aber sie war damals, als sie sich von ihrer Mutter losriss, selbst noch ein Kind gewesen, in einem Alter also, in dem sich Erlebtes mit Gehörtem und Erträumtem noch so vermischen kann, dass es später schwerfällt, den Kern des Realen zu umreißen. Zudem haftete dem Bild des Soldaten, der das Baby am Fuß packt, um es vor den Augen der Mutter zu töten, etwas Archetypisch-Imaginäres an, etwas von den Urverbrechen der Märchen oder vom Bethlehemitischen Kindermord. Ich war also geneigt, hier eine Mischung von Mythos, Dorfdichtung und traumatischem Albtraum anzunehmen, bis ich in den Vernehmungsakten des Instituts für Nationales Gedenken (IPN) in Lublin folgende Zeugenaussage fand:

„Ich sah, wie einer der Deutschen Marianna Ufniarz und ihr sechs Monate altes Kind mit dem Bajonett tötete." – Gezeichnet: Teofil Danielewicz, geboren in Szczecyn, 1905.

Infolge herrschenden Sturmes

JENSEITS DER Felder, in den Amtsstuben der Deutschen, in Lublin, in Krakau und in Warschau, saßen zu der Zeit, als der Soldat das Kind tötete, Männer an Schreibmaschinen. Wir wissen nicht viel über sie. Wir wissen nicht, ob der Tag für sie froh begonnen hatte oder mit Sorgen und Zweifeln, ob sie an den Führer gedacht hatten, als sie morgens die Augen öffneten oder an die zurückgebliebene Frau zu Hause. Wir wissen auch nicht, ob sie selber tippten oder ob sie, in Schaftstiefeln auf und ab gehend, einer Sekretärin diktierten, vielleicht einer Kollegin jener Ilse Wölk mit der schwachen Gesundheit, die sich arbeitsunfähig gemeldet hatte. Schon gar nicht wissen wir, ob sie ihren Dienst in den Kanzleien des Mordens mochten, ob sie ihn hassten, oder ob ihnen das alles im Grunde ihres Herzens einerlei war, weil sie vielleicht nur noch eines wollten, nämlich nach Hause und überleben. Wir können uns die Räume nur vage vorstellen, in denen sie mit ihren Schreibmaschinen jenen Mittwoch Mariä Lichtmess verbrachten. Waren die Stuben klamm und kalt an diesem zweiten Februar, so dass man die feuchten Schuhspitzen auf den Boden klopfen musste, um die Zehen warm zu halten? Waren sie überheizt vom Kanonenofen in der Ecke? – Oder waren sie einfach wohlig warm, wie es dem Herrenmenschen bei der Ausübung seiner Dienstpflichten gebührt? – Wir wissen es nicht. Alles, was wir in der Tiefe der Zeit mit ziemlicher Sicherheit ausmachen können, sind ein paar Geräusche: das Klappern der Schreibmaschine, das Klingeln der Zeilenglocke, das Schnarren des Hebels, wenn die Walze wieder auf Anfang schnellt.

Die stille Dame im Archiwum Państwowe hat wieder ein paar Kladden gebracht. Die Verschlussbänder an den kartonierten Umschlägen lösen sich, und wieder breitet sich das Panorama der Fremdherrschaft über meinen Arbeitstisch: ver-

gilbtes Papier, Unterschriften in Sütterlin, Stempel mit Adler-
schwingen. Wir haben die Akten des zweiten Februar 1944 erreicht, des Tages, an dem Borów brannte.

Es ist ein durch und durch unauffälliger Aktentag, dieser
Mittwoch Mariä Lichtmess. In der Woche davor war noch
mehr zu tun gewesen. Am 30. Januar, dem vergangenen Sonn-
tag, dem Tag nach Feliksa Woznas Hochzeit, hatte die Truppe
den elften Jahrestag der „Machtergreifung" begangen. Die
Kriegslage war ein Jahr nach Stalingrad katastrophal, eine Divi-
sion nach der anderen wurde in den Kesselschlachten der Ostfront aufgerieben, und so waren vom Oberkommando der
Wehrmacht schon Tage vor dem Jubiläum per Fernschreiben
strikte Anweisungen zu Inhalt und Ausrichtung der Feierlich-
keiten ergangen. Die Appelle des Tages seien unter die Parole
„Die kämpfende Nation" zu stellen, hieß es da. Bei den Ver-
anstaltungen hätten alle Redner „eindringlichst auf die Notwendigkeit der Führung dieses Kampfes bis zum Sieg" hinzuweisen. Das deutsche Volk sei durch „Bolschewismus und
jüdische Plutokratie" bedroht. „Deshalb kämpft jeder Deutsche, Mann und Frau, Junge oder Mädel, Soldat, Bauer, Arbeiter oder sonstige Schaffende mit stärksten Kräften für die Erhaltung der Gemeinschaft des Volkes, für die Erhaltung der
eigenen Familie, für den Führer und die nationalsozialistische
Volksgemeinschaft. Wehrmacht und Partei stehen hierbei aufs
engste verbunden Schulter an Schulter." An den „Kundgebun-
gen und Aufmärschen der NSDAP" habe sich die Truppe „soweit irgend möglich mit starken Abordnungen zu beteiligen".

Drei Tage darauf, am Mittwoch, als Borów brannte, herrschte dagegen offenbar wieder Routine. Ein Vermerk „gez. Schlü-
ter" enthält eine „Aufstellung von Vorträgen", die in Lublin
gehalten werden sollen; unter anderem soll ein „Prof. Neu-
fert" über „die Entwicklung des Hochbaus im Kriege" referie-
ren. Beim Gouverneur des Distrikts geht eine Anweisung aus

53

Krakau ein, ein Schreiben der „Regierung des Generalgouvernements, Hauptabteilung Wirtschaft" über die „Zerlegung der Geschäftsunkosten der Sparkassen", die Ordnungspolizei gibt die Erschießung von 26 „Banditen" zu Protokoll, und aus der Ortschaft Horodyszcze wird vermeldet, bei einem Brand seien „13 Schweine, 3 Kühe, 12 Schafe, 25 Hühner, 1 Pferd, Futtervorräte und Getreide" verbrannt. In den Amtsstuben der Ordnungspolizei wird die „Gesamtübersicht Januar" erstellt, aus der hervorgeht, dass im Laufe des Monats im Distrikt Lublin 1708 Raubüberfälle registriert worden seien, dazu 15 Brandstiftungen und Schadensfeuer, 34 Überfälle auf Bahnhöfe und Gemeindeämter, fünf Angriffe auf deutsche Polizeistreifen und zwanzig Sabotageakte gegen Fernsprechleitungen. Die Besatzungsmacht habe insgesamt 23 Mann verloren, darunter auch Angehörige der polnischen sowie der ukrainischen Polizei.

Am dritten Februar aber, am Donnerstag nach dem Brand, geht etwas Eigentümliches vor in den Meldungen der Ordnungspolizei Lublin. Die Zahlen schießen hoch. Wo am ersten Februar noch „ein Bandit und ein Verdächtiger" getötet worden war, und am zweiten immerhin 26, schnellt die „Erfolgsübersicht" an diesem Tag auf 480 erschossene „Banditen und Verdächtige" empor.

In den Dokumenten dieses Tages, etwa in der „Täglichen Lagemeldung" des „Kommandeurs der Ordnungspolizei im Distrikt Lublin – I a", aufbewahrt als Mikrofilm im Staatlichen Archiv Lublin auf Spule 2294, findet sich denn auch die ausführlichste aller amtlichen deutschen Darstellungen jenes Lichtmesstages von Borów, als Pfarrer Stańczak auf der Kanzel stand, als Mutter Sanisława nicht mehr zum Singen kam und Winicjusz Natoniewski brannte:

„Lublin, den 3.2.1944
Tägliche Lagemeldung!
(...)
Am 2.2.44 Großaktion im Raum der Ortschaften Borów, Wola Szczecka, Szczecin und Lazek (...) durch starke Kräfte der Truppenpolizei, Wehrmacht und Sicherheitspolizei zwecks Vernichtung einer dort festgestellten, angeblich 600 Mann starken bolschew. Bande. Bei Niederkämpfung von Widerstandsnestern durch Geschütz-Battr., Pak und Granatwerfer gerieten die genannten Dörfer in Brand und brannten infolge des herrschenden Sturmes restlos ab. Mehrere (Text unleserlich) in die Luft. Des weiteren waren starke Detonationen, die auf große Munitionsmengen schließen lassen, hörbar. Bei der Säuberungsaktion, welche am 3.2. fortgesetzt wird, kam es wiederholt zu Feuergefechten mit anscheinend schwächeren Stützpunktbesatzungen.

Nach bisherigen, noch nicht abgeschlossenen Meldungen wurden rund 480 Banditen und Verdächtige im Feuerkampf bezw. Auf der Flucht erschossen. Über 300 Familienangehörige zur Weiterleitung an das Arbeitsamt abtransportiert. Unter den Erschossenen befanden sich mehrere in poln. Fähnrichsuniformen. Das anfallende Vieh wurde den Soltys der Nachbargemeinden übergeben. Bisher keine eigenen Verluste!"

Eine beigefügte Liste der aufgefundenen Waffen rundet die Darstellung durch eine vorläufige Materialbilanz ab:
„Erbeutet:
Gewehre 3
Karabiner 3
Revolver 1
Handgranaten 3
MG-Magazine 3
Munition 172 Schuss."

Einiges ist bemerkenswert an dieser Lagemeldung vom 3. Februar. Zuallererst fällt auf, wie schon am ersten Tag nach dem Ereignis in den Schreibstuben der Besatzungsmacht der Prozess der Umdeutung beginnt. Der Überfall auf Borów und seine Nachbardörfer, der in der Erinnerung aller Überlebenden eine erbarmungslose Jagd auf unbewaffnete Frauen und Kinder war, und für dessen Verlauf kein einziger Fall von bewaffneter Gegenwehr überliefert ist, erscheint hier als soldatischer Kampf gegen eine „600 Mann" starke „Bande" von „Bolschewiken", die „Widerstandsnester" bilden und im „Feuergefecht" unter „starken Detonationen" „großer Munitionsmengen" „niedergekämpft" werden müssen. Das systematische Niederbrennen von Scheunen und Ställen, Häusern und Höfen gerät zum Kollateralschaden „infolge des herrschenden Sturmes". Die ermordeten Frauen und Kinder erscheinen als „Banditen und Verdächtige", die anschließende Verschleppung der Überlebenden in Konzentrations- und Arbeitslager firmiert als Übergabe ans „Arbeitsamt".

Jede Zeile dieses Textes beweist, dass trotz Hitlers klarer Weisung „unbarmherzig und mitleidlos Mann, Weib und Kind polnischer Sprache und Abstammung in den Tod zu schicken" selbst die Bürokraten an den Schreibmaschinen der Macht den klaren Blick auf das, was an diesem Tag geschehen war, kaum ertragen konnten und bei Beschönigungen Zuflucht nahmen. Konfrontiert mit der Präsenz des Massakers retteten sie sich zu den Klischees eines angeblich mannhaften Kampfes, der den Heldenträumen eines Hitlerjungen wohl noch entsprechen mochte, von der täglichen Realität des Vernichtungskrieges aber längst als Märchen entlarvt war. So verraten gerade die Lügen dieser Meldung die Reste einer altmodischen bürgerlichen Scheu, die von der nationalsozialistischen Umgestaltung des Menschen zur Mordmaschine offenbar noch nicht völlig vertilgt worden war. Der alte Ruf „Du sollst nicht morden" war anscheinend selbst für die Täter dieser Tage noch nicht vollständig außer Hörweite und zwang sie zu ihren verdrehten Beschönigungen. Dass sie ihn immer noch hörten und dennoch alles taten, ihn durch dröhnende, getippte Lügen zu übertönen, erhöht die Last, die auf ihnen liegt.

Die Fassade der Lüge ist dennoch auch in diesen Täterakten brüchig und oft genug bringt gerade jene deutsche Pedanterie, die den Holocaust möglich machte, die Wahrheit zutage. In diesen Papieren ist eine eigentümlich unbeirrbare Zahlengläubigkeit am Werk, hier herrscht bürokratische Korrektheit und von Kindesbeinen einstudierte buchhalterische Penibilität – die verdrehten Reste dessen, was einmal bürgerliche Rechtschaffenheit war. Eine Genauigkeit waltet hier, die man als ebenso „deutsch" deuten mag wie die Hemmungslosigkeit der Kriegführung, ein Beamtendrill, der sich in seiner verräterischen Akkuratesse um Propaganda nicht schert. Die Beuteliste mit ihren mageren „drei Gewehren" und „drei Handgranaten" etwa: Passt das zu dem fingierten Großeinsatz gegen 600 „Banditen", die Berge von Munition detonieren lassen, und von denen zuletzt „480" im Kampf getötet werden? – Verzweifelt schlecht passt das, und dennoch hat der Bürokrat von Lublin die entlarvenden Zahlen getreulich notiert. Haben „bolschew. Banden" in den Wäldern der Weichselniederung üblicherweise „300 Familienangehörige" und „Vieh" dabei? Und wie fügt sich die Meldung „keine eigenen Verluste" zu der Darstellung verbissen fechtender „Widerstandsnester", die im „Feuerkampf" besiegt werden mussten? Immer und immer wieder stellt deutsche Pedanterie deutsche Lügen bloß.

Dank der akkuraten Faktentreue, die neben dem beflissenen Drang zur Vernebelung diese Protokolle durchzieht, ist die Lagemeldung der Ordnungspolizei vom dritten Februar zuletzt nicht nur ein Dokument der Lüge, sondern ebenso eine historische Quelle voller wichtiger Hinweise. Zunächst lässt sie erkennen, dass der Überfall auf Borów und seine vier Nachbardörfer tatsächlich ein einheitlich geplantes Unternehmen der deutschen Besatzer war, eine „Großaktion", an der offenbar alles beteiligt war, was in der näheren und mittleren Umgebung gehen, schießen und brennen konnte: „Truppenpolizei, Wehrmacht und Sicherheitspolizei". Zweitens gibt das Papier einen ersten Hinweis darauf, was für die deutschen Befehlshaber der Anlass für den Überfall gewesen sein mag: die Partisanen, deren Präsenz ja schon in der Zusammenfassung für Januar unter Stichworten wie „1708 Raubüberfälle" oder „5 Überfälle auf deutsche Polizeistreifen" sichtbar geworden war. Die Meldung vom dritten Februar fügt sich daher in eine Reihe von Indizien, die darauf hinweisen, dass die Mordaktion vom Lichtmesstag als kollektive Rache- und Abschreckungsmaßnahme zur „Befriedung" des Hinterlandes gedacht gewesen ist.

Bleibt noch die Zahl von 480 „Banditen und Verdächtigen", die nach deutscher Zählung „im Feuerkampf bezw. auf der Flucht erschossen" wurden. Die polnischen Behörden, die nach dem Krieg den Vorfall untersuchten (ein Ermittlungsverfahren des „Instituts der nationalen Erinnerung" in Lublin ist bis heute im Gang) haben zwar etwa doppelt so viele Opfer gezählt, und sprechen von 917 Ermordeten zuzüglich einer Dunkelziffer, die die Gesamtzahl auf mehr als Tausend wachsen lassen könnte; dennoch ist schon die in der deutschen Meldung angegebene Zahl groß genug, um den massenmörderischen Charakter dieses Überfalls klar zu machen. Ob bei der vergleichsweise niedrigen Ziffer „480" bewusste Verharmlosung im Spiel gewesen ist, bleibt unaufgeklärt. Es ist möglich, dass die Buchhalter der deutschen Kanzleien die Zahl tatsächlich für zutreffend hielten. Schließlich hat keiner der Überlebenden die Deutschen nach vollbrachtem Massaker bei der Zählung ihrer Opfer beobachtet. Vielmehr, so berichten alle Zeugen, hätten die Täter die verbrannten Dörfer so zurückgelassen, wie sie sie zugerichtet hatten – mit verkohlten Toten auf den Straßen, in Haufen vor der Kirche, und zusammengedrängt in den Brandruinen. Zählen und bestatten, das waren nicht die Aufgaben, die diese Männer sich setzten.

Ich habe noch ein wenig weitergeblättert in den Akten der Deutschen, während die schmale Dame mit den weißen Handschuhen mir die Kladden reichte. In den Tagen nach der „Großaktion" zeigen die Lagemeldungen, wie die Routine zurückkehrt. Am Tag nach dem Überfall, dem Donnerstag, als die deutschen Trupps nach der Erinnerung der Alten von Boрów noch einmal zurückkehrten um eventuell noch ein paar Überlebende zu töten, notieren die Kanzleien immerhin noch 18 Erschossene, für den Freitag sind zwei verzeichnet, und für den Sonnabend drei. Außerdem meldet der tägliche Rapport für diesen Tag das Abhandenkommen von 565 Liter Spiritus, 14 Kilo Speck, und dreieinhalb Liter Wodka, sowie eines Schweins von 70 Kilo.

In Lublin erging am Tag nach dem Überfall der „Kommandanturbefehl Nr. 10", mit der Weisung, in den ortsansässigen „Deutschen Lichtspielen" den Film „O diese Männer" mit Johannes Riemann, Paul Hörbiger und Grete Weiser zur Aufführung zu bringen, wobei „für Wehrmacht und die bekannt gegebenen Formationen" der Einlass unentgeltlich erfolgen sollte. Für spätere Termine wurde – immer unter Aufsicht des Feldgendarmerie-Postens Lublin – ein Abend unter dem Titel „Leckerbissen der Kleinkunst" sowie das Musikalische Lustspiel „Das bezaubernde Fräulein" angekündigt. Im Übrigen sei im Deutschen Lichtspielhaus eine Brille im roten Lederetui verloren gegangen.

Von Menschen und Mördern

EINE FRAU stürzte herein: die Mutter. „Schnell", sagte sie, „schnell". Mieczysław Stępień war gerade erst eingeschlafen, es war früher Morgen, über Nacht war er mit dem Karabiner auf Streife gewesen. Dann hatte er das Gewehr weiterge-geben, sie hatten ja nicht so viele bei den Partisanen, und als der Tag kam, lag er wieder zu Hause im Bett. Jetzt steht die Mutter im Zimmer, schreit etwas, hat etwas in den Händen: einen Mantel, ein Kopftuch, vielleicht einen Korb. Frauenklei-der. „Schnell", sagt sie, „schnell. Die Deutschen. Sie kommen. Sie sind vor dem Haus. Zieh das an. Geh. Aber pass auf, wie du dich bewegst. Wenn sie was merken, wenn sie merken, dass du ein Mann bist, bringen sie dich um."

Mieczysław Stępień hat den Mantel genommen und er hat das Kopftuch übergezogen, während die Mutter wohl noch schreit. Durch das Fenster sieht er die Soldaten: nah, auf zwan-zig Schritt, Gewehr im Anschlag. Sie kommen. Schon hat er die Tür aufgestoßen, schon schlägt die Februarluft ihm entgegen, schon geht er auf die Männer zu, Gott allein weiß, wie er sich da bewegt. Ein Schritt und noch einer, zwei Blicke treffen sich, weichen aus, schon ist er vorbei, schon ist er an der Böschung. Mieczysław Stępień ist entkommen.

Jetzt sitzt der Alte in der Veranda seines Hauses, oder besser, im gezimmerten Windfang vor seiner Türe, und dreht zwischen den Fingern seiner von Arbeit und Erde fest und schartig gewordenen Rechten unablässig eine Schachtel Streichhölzer. Ein Bär von einem Mann, aber müde. Früher war der Garten noch bunt, als die Frau noch lebte und Blu-men pflanzte, und früher gab es da auch noch ein Gemüse-beet, aber seit drüben im Laden alles so billig geworden ist, hat er aufgehört, Gemüse zu pflanzen. Die Kuh hat er ver-kauft, als er seinen ersten Herzinfarkt hatte und Geld brauchte, aber im Stall hat er noch fünf Schweine, und der Hof ist voll Enten und Hühnern. Seine Kinder sind in alle Winde gegangen, nach Warschau, nach Krakau, nach Irland, aber eine Tochter ist noch da, sie ist Lehrerin in Stalowa Wola an der südlichen Straße, die nach Krakau führt, und gerade ist sie vorbeigekommen, hat den Ofen geheizt und dem Vater ein Gulasch auf die Herdplatte gestellt. Sie hat das hart gewordene Brot in Milch geweicht für den Hund, und jetzt schält sie Äpfel und legt sie im Topf mit dem Blumenmuster unter Wasser, damit sie bis zum Einkochen nicht braun werden.

Wie ist es weitergegangen? Mieczysław Stępień war über die Schwelle in die Februarluft getreten, hatte zu dem Soldaten hingeschaut, dann war er in erzwungener Ruhe weitergegangen ohne sich umzudrehen, bis er außer Sichtweite war. Was zu Hause weiter geschah, hat er später erst von den Eltern erfahren, von seinem Vater Jan Stępien und von seiner Mutter Anna, sowie von seiner Schwester Leokadia, die damals mit ihrer kleinen Tochter bei den Eltern war.

Die Stępieńs sind damals gerettet worden und mit ihnen noch einige weitere Familien aus der Nachbarschaft. „Gerettet worden", in dieser Form, im Passiv, ist dabei das Wort, das der alte Stępień selbst benutzt. In der Geschichte ihres Gerettetwerdens aber taucht eine Gestalt auf, die immer wieder erschienen ist in den Zeugnissen der Leute von Borów: Die Gestalt des Mannes, der innehielt, zumindest für einen Augenblick. Des Mannes, der nicht morden wollte inmitten des Mordens.

Und dies war die Geschichte, die die Entkommenen einander erzählten, als alles vorbei war:

Ein Mann steht am Birnbaum, sieht sich um. Der Deutsche. Sieht sich um, sieht den Vater, den Polen, einen Mann wie ein Haus, sieht die Muter, sieht die Schwester, das Kind. Schießt nicht. Sagt: „Ich habe auch Kinder." („Kinder": Der Vater versteht das Wort, denn er war gerade zur Zwangsarbeit in Deutschland gewesen, gerade erst ist er wieder zurück; später wiederholt er es dem Sohn, und der Sohn wiederholt es jetzt in seinem Windfang für mich, vor der halboffenen Haustür, während auf der Herdplatte das Gulasch köchelt.)

„Geht", sagt der Deutsche. „Stellt die Möbel raus, dass sie nicht verbrennen. Treibt die Tiere weg. Ich werde euer Haus nicht anzünden." Und während er noch redet, schießen schon die anderen Deutschen, von nebenan, mit Brandmunition wohl oder mit Leuchtspurgeschossen ins Strohdach. Schon beginnt es zu brennen.

„Rennt", sagt der Deutsche. „Rennt, bevor sie da sind, rennt da lang." Und während er dies sagt, kommen sie schon: Soldaten, die anders aussehen als er, mit anderen Uniformen. Und wieder schießen sie, sie haben den Vater gesehen, einen Mann wie ein Haus, ein Ziel für ihre Kugeln. „Legt euch hin", sagt der Soldat, „legt euch hin, dass euch nichts trifft." Dann hält er die anderen zurück, stoppt die Seinen, die, die schon schießen. Er ist ein wenig älter, ein Offizier vielleicht. Die Mörder halten inne.

Der Vater ist damals entkommen. Auch die Mutter hat überlebt, Schwester und Baby ebenso und noch zehn dazu, Leute aus der Nachbarschaft, die sich zu ihnen gekauert haben, als der Deutsche für einen Moment das Töten stoppte. Nur zwei sind gestorben von denen, die damals in die Richtung rannten, die der Deutsche wies, zwei, die sie unterwegs verloren haben, eine Frau und ihre Schwiegertochter. Für das Baby, das Kind der Schwester, hat der Deutsche zuletzt noch ein Bonbon aus der Brusttasche gezogen, vielleicht war es auch ein Stück Würfelzucker. Dann steigt Rauch auf, und Vergessen verhüllt den Soldaten, der nicht schoss.

Mieczysław Stępień hat mich nach dieser Geschichte durch die Zimmer geführt, durch sein altes Witwerhaus, wo die Ordnung nicht mehr halten will, seit die Frau nicht mehr da ist, wo Teller und Tassen, Kisten und Schüsseln sich selbst-ständig machen, mal hier herumstehen, mal dort – was soll's. Ein Hochzeitsbild in Schwarzweiß hängt an der Wand, ganz jung zeigt es den alten Bären, schlank und glatt, aber mit an-gespannten Brauen, als sähen die Augen Gefahr in der Ferne. Beim Betrachten des Bildes ein Déjà-vu: Der Schwung dieses Schlipses, wo war das noch einmal? Die Girlanden am Rosen-strauß, wer hatte das schon? Ein anderes Haus taucht aus der Erinnerung, ein Hof, ein Brunnen. Eine alte Frau legt die Krü-cken ab, hebt den Eimer ein Stück weiter, nimmt die Krücken wieder auf, geht einen Schritt, legt sie wieder ab. Jetzt, ja: das traurige Brautpaar, das retouchierte Bild in der Stube der Fe-liksa Woźna. Ganz offensichtlich war hier die gleiche retou-chierende Hand am Werk, die auch dem Hochzeitsbild des Mieczysław Stępień den letzten Schliff gegeben hat. Die Frau auf dem Foto, die, welche später das Blumenbeet hatte und jetzt nicht mehr lebt, ist ernst, zart und jung. Nur die Fliegen haben auf dem Glas des Bildes im Lauf der Zeit ein paar brau-ne Flecken hinterlassen. Im Schlafzimmer hängt ein Bild des Papstes; in Ecken und Winkeln Äpfel, Kalender, Schürhaken.

Der alte Stępień hat dann zwischen Stall und Herd noch viele Geschichten erzählt: vom kleinen Stanisław Bierut, der eine Kugel im Kopf hatte, und den die Männer im Versteck schon ersticken wollten, weil er nicht aufhören wollte zu schreien (ein Cousin bekam ihn dann doch noch still, indem er ihm einen Lappen in den Mund steckte), und warum Anto-ni Sękala nach dem Krieg ins Dorf zurückgekehrt ist – wovon noch die Rede sein wird.

Für eine Geschichte aber, eine ganz bestimmte, eine, von der das Dorf voll ist und deren Fäden durch die Gewebe aller Geschichten ziehen, wenn wieder das Schiffchen durch den Webstuhl fliegt, für diese Geschichte hat Mieczysław Stępień sich von seinem Stuhl im Windfang hochgestemmt. Jetzt führt er mich hinüber, einen kurzen Weg über einen sonnigen Gehsteig zum Nachbarhaus, dann durch ein Gatter in einen geräumigen Garten, wo ein Mädchen eine Luftmatratze aufbläst, und unter einer Weide ein sauber und einfach gezimmerter Tisch im Schatten steht.

STEFANIA OLSZÓWKA richtet sich auf, kommt langsam, die Hand in die arbeitssteife Hüfte gestemmt, von den Beeten herüber, blinzelt ein wenig in die Sonne, erkennt, wer da ist, und warum. Sie inhaliert eine Dosis Asthmaspray, vielleicht wegen der Aufregung, setzt sich unter die Weide und erzählt die Geschichte ihrer Schwester Lucyna Jaśkiewicz. Erst lacht sie noch beim Erzählen, aus Freundlichkeit wohl, aus wohlerzogener Gastlichkeit, als habe ihr Gemüt noch nicht begriffen, auf welche Wege sie sich längst begeben hat.

Und wieder brennt es. Eine Familie sucht Deckung, Eltern, Kinder, Mädchen, duckt sich ins Gebüsch, gleich am Haus. Rauch zieht durchs Bild. Zwei Schwestern kauern im Versteck, ein Mädchen von zwölf oder dreizehn Jahren, dieselbe alte Stefania, deren gastliches Lächeln jetzt mit jeder Silbe weiter erstarrt, und Lucyna, die große, eine, zu der schon die jungen Männer auf Antrittsbesuch kommen, blond, im Haarkranz.

Die Tiere ... Der Stall brennt, die Tiere sind gefangen. Geh, mach das Tor auf, dass sie rennen können. Wer ist es, der spricht? Wohl der Vater. Stefania, die Kleine, will schon los, da hält die Große sie auf. Bleib. Ich mache das. Springt hoch, läuft, verschwindet im Rauch.

Das ist das letzte gewesen, was Stefania Olszówka von ihrer großen Schwester sah. Danach, im Getöse des Untergangs, ist noch ein Schrei von ihr zu hören gewesen – dann bricht die Geschichte ab. Stefania Olszówka weiß nur noch, dass man später, als die Trümmer ausgekühlt waren, eine verkohlte Tote in dem verbrannten Haus fand, an der, vor den

Flammen durch einen gestürzten Balken geschützt, die Reste eines blonden Zopfs zu erkennen waren.

Das Zeugnis der Stefania Olszówka ist zu Ende. Wie Lucyna starb, warum sie schrie, wie es kam, dass sie, die nur den Stall öffnen wollte, im Haus verbrannte – auf keine dieser Fragen weiß die kleine Schwester die Antwort.

Es gibt aber noch andere Erzählungen. Andere Stimmen erheben sich, Detail kommt zu Detail. Das Ende der blonden Lucyna hat das Dorf beschäftigt, beschäftigt es immer noch – Erzählung und Nacherzählung, Zeugenbericht und Paraphrase, bis der Faden in alle Gewebe reicht. Schon in der Stube des alten Kamecki, als alle zusammensaßen, während die Hand des Hausherrn die Tischplatte klopfte, hatten sie davon erzählt – wenn auch mit der Abweichung, dass die Tote mit dem Kopf im Herd gefunden worden sei.

Von den Fäden, die weiterführen von dem Augenblick an, wo der Bericht der Schwester abbricht, führt der erste über Mieczysław Stępień, den alten Bären von nebenan. Stępień berichtet das Ereignis aus der Sicht von Walenty Jaśkiewicz, dem Vater der Mädchen, der es ihm selbst beschrieben hat. Auch hier ist Feuer im Spiel, doch noch ist es nicht da, der Stall hat sich noch nicht entzündet. Der Vater und die ältere Tochter springen aus dem Versteck hervor, vielleicht um im letzten Moment noch zu retten, was zu retten ist. „Treib die Kühe raus", sagt der Vater. Lucyna wendet sich ab, geht schon zum Stall – da fährt etwas vor: ein Panzer, ein Auto. Schon sind die Soldaten da, der Vater versteckt sich im letzten Moment. Schon brennt das Haus. Knapp, chronistisch, ohne Ausschmückungen erzählt der alte Stępień die Geschichte, ohne Umweg steigert das Drama sich zum katastrophalen Finale, schon taucht das letzte Bild aus der Tiefe: Zwei Soldaten halten ein Mädchen an Armen und Beinen, schwingen es wohl, werfen es in ein brennendes Gebäude. Man hört Schreie und das Fallen von Balken. Mieczysław Stępień hat beim Erzählen zuletzt die Arme geschwungen, vor und zurück, die Geste des Werfens.

Weitere Erzählungen kommen hinzu. Einmal liegt die Tote unter einem Balken, einmal beim Herd, und einmal – in der Erzählung der alten Mutter Stanisława, die sich dabei auf den Bericht eines Nachbarn stützt, der aus einem Versteck die Szene sah – ist das Mädchen nach dem ersten Wurf ins brennende Haus noch einmal herausgerannt, worauf die Männer es abermals packten und unter Gelächter zurück ins Feuer schleuderten. Immer aber ist das hypnotische Entsetzen spürbar, das dieses Bild verströmt: Zwei Männer packen eine Frau, schwingen sie, werfen sie ins Feuer.

Stefania Olszówka aber, die eigentlich damals als erste hatte aufspringen wollen, und die dann anstelle der großen Schwester überlebte, hat das alles nicht gesehen. Sie hat in ihrem Versteck in den Büschen nur Lucynas Schrei gehört, von hinter dieser Wand aus Rauch, und heute, vierundsechzig Jahre danach, hat sie ihn in ihrem Garten noch einmal wiederholt. Kurz und spitz klang der Schrei durch die Zeit zu mir herüber, der im Schatten unter der Weide saß, den Notizblock auf den Knien.

*

Aus den Vernehmungsprotokollen des Instituts für Nationales Gedenken, Lublin:
„Mein Onkel erzählte mir, er habe gesehen, wie zwei Männer in deutschen Uniformen eine 17 Jahre alte Frau ins Feuer warfen, das heißt, in ein brennendes Haus." (Der Name der Zeugin ist aus gesetzlichen Gründen geschwärzt.)

Die Täter

EUROPA HAT den deutschen Terror in den Dörfern Polens nie zur Kenntnis genommen. Die Welt kennt das Schicksal von Oradour in Frankreich und Lidice in der Tschechoslowakei, aber dass SS, Wehrmacht und Polizei in Polen ungezählte Male ganze Ortschaften vernichtet haben, um jeden Widerstand im Keim zu ersticken, hat das Gedächtnis der Nationen nie wahrgenommen. Die Fakten sind dennoch überwältigend. Zwischen 1939 und 1945 ist es in Polen mehreren hundert Dörfern ergangen wie Borów. Der Historiker Czesław Madajczyk hat 750 dieser sogenannten „Pazifizierungen" gezählt – also Terrorangriffe mit mindestens zehn, oft aber auch mit mehreren hundert Opfern. Etwa 19.000 Menschen haben dabei ihr Leben verloren.

Im Falle von Borów haben in den vergangenen Jahrzehnten sowohl in Polen als auch in Deutschland Staatsanwälte und Kriminalisten nach den Tätern gesucht. Den Ermittlern haben dabei als Arbeitsgrundlage vor allem die nach dem Krieg abgelegten Zeugnisse der Überlebenden vorgelegen. Viele dieser Aussagen, von denen mehrere hundert Blatt beim Institut des Nationalen Gedenkens (IPN) in Lublin liegen, sind sehr konkret, und sie stimmen weitgehend mit dem überein, was die Alten von Borów heute noch erzählen. Der Zeuge Kazimierz Urbański etwa, der am Tag des Angriffs 12 Jahre alt war, hat Folgendes zu Protokoll gegeben: „Die Armee feuerte auf die Leute, die aus den Häusern rannten. Ich sah, wie sie meinen Vater auf der Straße erschossen. ... Als meine Mutter starb, lief ich mit dem kleinen Jungen auf den Hof, und er wurde ebenfalls erschossen. Ich konnte mich zuerst hinter einem Schornstein verstecken, dann rannte ich auf den Hof der Nachbarn, wo das Haus schon brannte."

Mehrere Zeugen beschreiben Morde an Kindern. Von Maria Jagiełło aus Wólka Szczecka überliefern die Akten zum

Beispiel folgende Aussage: „Ich sah, wie ein Soldat ein kleines, in Lumpen gekleidetes Kind am Händchen hochhob und ein zweiter mit etwas (ich erkannte nicht, womit) auf das Kind einstach. Danach haben sie das Kind in ein brennendes Haus geworfen."

Wie sich die Deutschen bei ihrem Vernichtungswerk in kleine Trupps aufteilten und dann die Dorfbewohner Familie für Familie in ihren Häusern ermordeten, wird aus der Aussage der damals 48 Jahre alten Marianna Mazurek deutlich. Sie erzählte dem vernehmenden Richter im Jahr 1949, wie die Soldaten sie zusammen mit mehreren anderen Frauen in ihrem Versteck am Dorfbach entdeckten. „Sie brachten uns zu meinem Haus und befahlen allen, sich mit dem Gesicht zur Erde auf den Boden zu legen. Ich begann um mein Leben zu bitten, indem ich sagte, ich hätte einen vierzehn Jahre alten Jungen, der meine Fürsorge noch brauche. Als Antwort stieß mich einer der Soldaten so hart mit dem Karabiner vor die Brust, dass ich auf den Rücken fiel. Ich wollte mich gerade auf Befehl dieses Soldaten mit dem Gesicht zur Erde legen, als sich Schüsse lösten. Ich fühlte, dass ich am linken Arm verletzt war, und dass die rechte Hand durchschossen war. Ich stellte mich tot und sah, wie die Soldaten die Bettwäsche auf zwei Betten anzündeten und die Fenster einschlugen. Als sie hinausgingen, stand das Haus in Flammen. Ich kroch als Einzige hinaus und versteckte mich im Außenkeller."

Die Täter sind nie zur Rechenschaft gezogen worden. Bis heute ist nicht bekannt, wer den Befehl zur Vernichtung der fünf Dörfer um Borów gegeben hat. Es besteht zwar kein Zweifel daran, dass die Einäscherung ganzer Ortschaften zur erklärten Methode der deutschen Besatzer im Kampf gegen die polnische Widerstandsbewegung gehörte. Vom Reichsführer-SS, Heinrich Himmler, sind Befehle überliefert, denen zufolge Dörfer, die Partisanen halfen, bis auf die nackte Erde zu verbrennen seien, und für die Wehrmacht hat der Chef des Oberkommandos, Generalfeldmarschall Wilhelm Keitel, am 16. Dezember 1942 verfügt, dass im „Bandenkrieg" weder der Begriff der soldatischen Ritterlichkeit noch die Genfer Konvention zum Schutz der Zivilbevölkerung Geltung haben dürften. Auch gegen Frauen und Kinder seien alle notwendigen Mittel ohne Zögern anzuwenden.

Wer allerdings für die Vernichtung der Dörfer um Borów den konkreten Befehl gegeben hat, ist nie geklärt worden. Nach dem Krieg sind in Polen zwar mehrere Strafverfahren gegen führende deutsche Offiziere im Distrikt Lublin geführt worden, so etwa gegen den örtlichen SS- und Polizeiführer (SSPF) Jakob Sporrenberg, sowie – für die Wehrmacht – gegen den Chef der Oberfeldkommandantur 372, Generalleutnant Hilmar Moser. Keinem der beiden Angeklagten ist aber die konkrete Schuld an der Befriedungsaktion vom zweiten Februar 1944 nachgewiesen worden. Moser kam 1953 frei, und Sporrenberg wurde 1952 in Warschau wegen anderer Verbrechen gehängt – vor allem wegen der Aktion „Erntefest", der Erschießung von mehr als 43.000 Juden in den Konzentrationslagern Majdanek, Trawniki und Poniatowa im November 1943. Die polnische Staatsanwaltschaft hatte Sporrenberg zwar auch die Verantwortung für die „Pazifizierung" von 43 Ortschaften zur Last gelegt, aber das Berufungsgericht Lublin folgte der Anklage nicht. In ihrem Urteil schrieben die Richter, sie hätten keine hinreichenden Beweise gefunden, „um dem Angeklagten die Teilnahme an diesen Pazifizierungen zuzuschreiben."

Auch weitere Spuren erwiesen sich nicht als belastbar. Hinweise im Verfahren gegen Sporrenberg, denen zufolge der Befehl zur Aktion vom Generalgouverneur Hans Frank persönlich gekommen sein könnte, ließen sich nicht erhärten. Der Fall „Borów" ist zwar nach der Wende wieder eröffnet worden, aber in den Akten des IPN Lublin, dessen Staatsanwälte das

Verfahren bis heute führen, ist vermerkt, dass der Ursprung des Vernichtungsbefehls nach wie vor unklar ist: „Im analysierten Archivmaterial konnten keine Dokumente gefunden werden, die auf die Person hinweisen, welche den Befehl zur Pazifizierung der Dörfer Szczecyn, Wólka Szczecka, Borów, Łążek Zaklikowski und Łążek Chwałowski gegeben hat."

Dennoch ist über die Täter das eine oder andere bekannt. Aus den Aussagen der Überlebenden geht beispielsweise hervor, dass die Angreifer sowohl Deutsch als auch Ukrainisch und Polnisch sprachen. Dazu passt, dass Polizei und SS damals in den umliegenden Stützpunkten „fremdvölkische" Hilfstruppen unterhielten, unter ihnen Russen, Ukrainer und Kalmücken. Die Fachleute des IPN in Lublin vermuten, dass viele dieser Kämpfer zur SS-Division „Galizien" gehörten, die vorwiegend aus Ukrainern bestand.

Es ist sogar möglich, einzelne Personen zu identifizieren, die an der Vernichtung von Borów beteiligt waren. Einige Überlebende haben einen deutschen SS-Mann benannt, der bei der Aktion gesehen worden war: den gefürchteten Oberscharführer Otto L. vom Stützpunkt Annopol, von dem noch die Rede sein wird. Aktenrecherchen haben ergeben, dass die westdeutsche Justiz auf Anregung der polnischen Behörden schon in den sechziger Jahren gegen L. ermittelt hat, allerdings ohne Ergebnis, weil er noch vor Vollzug des Haftbefehles starb.

Die Akten der „Strafsache gegen L, Otto und Andere wegen Mordes und Beihilfe zum Mord", welche die Staatsanwaltschaft Dortmund damals zusammengetragen hat, sind dennoch für diesen Bericht zur wichtigen Quelle geworden. In ihnen finden sich nämlich zahlreiche Aussagen von Soldaten einer deutschen Einheit, die damals in der unmittelbaren Umgebung Boróws stand: des Polizeibataillons 316, später umnummeriert zum „ersten Bataillon des SS-Polizeiregiments 4", oder, in der seinerzeitigen Schreibweise, zum „I./SS-Polizeiregiment 4".

Die Soldaten dieses Bataillons schildern nun in vielen Einzelheiten eine „Befriedungsaktion" Anfang 1944 im Süden des Distrikts Lublin. Weil aber Jahre später, bei der Vernehmung nach dem Krieg, keiner von ihnen angesichts des damals täglich verübten Terrors die Namen der vernichteten Orte noch in Erinnerung hatte, lässt sich nur durch die Koinzidenz von Zeit, Ort und Umständen folgern, dass es sich bei den zerstörten Ortschaften tatsächlich um Borów und seine Nachbardörfer handeln musste. Die Übereinstimmungen sind allerdings überaus deutlich, und in den Justizakten der Strafsache gegen Otto L. findet sich denn auch tatsächlich die Folgerung der ermittelnden Beamten, dass das I./SS-Polizeiregiment 4 damals bei „Massenerschießungen" und „Befriedungsaktionen" in Polen eingesetzt war. Die Vernichtung der Dörfer um Borów fällt also mit großer Sicherheit in die Verantwortung dieser Einheit, wenn auch zweifellos auch noch andere mit dabei waren. Ein Vermerk an anderer Stelle, in dem das I. Bataillon des SS-Polizeiregiments „25" (und nicht „4") genannt wird, beruht wahrscheinlich auf einer Verwechslung.

Die Zeugenaussagen aus dieser Einheit stimmen mit den Schilderungen der Dorfbewohner auf frappierende Weise überein. Einige Soldaten bleiben dabei zwar bei sehr summarischen Feststellungen. Der spätere Polizist Marino B. aus Bochum etwa bestätigt nur, er erinnere sich an einen Einsatz, bei dem „alle" Bewohner eines Dorfes erschossen worden seien. Und auch der Bauarbeiter Johann B. aus Daun in der Eifel sowie der „Spieß" der ersten Kompanie, August Friedrich Wilhelm F. aus Hagen, berichten lediglich ganz allgemein von einem Dorf, dessen Einwohner Anfang 1944 „niedergemacht" worden seien.

Andere Aussagen dagegen sind detaillierter. Josef K. etwa erinnert sich, wie vor Beginn jenes Einsatzes zwei Männer des SD (Sicherheitsdienst des Reichsführers-SS) vor dem angetretenen Bataillon eine Rede hielten, „wobei sie erklärten, die auszurottende Bevölkerung jenes Dorfes habe den Tod verdient, weil sie Partisanen unterstützte."

Wie es aus Sicht der Soldaten dann weiterging, wird aus dem Bericht des späteren Polizeimeisters Kurt G. aus Insterburg deutlich. „Unterstützt von einigen Hilfswilligen – in erster Linie Kalmücken – wurde das betreffende Dorf in den frühen Morgenstunden umstellt. Die Hilfswilligen nahmen das Dorf, das m. E. etwa 250–300 Einwohner zählen musste, mit Granatwerfer unter Beschuss. Sodann drangen die Hilfswilligen in das Dorf ein und erledigten alles, was vor ihre Gewehre kam ... Die Hilfswilligen hatten den Auftrag, das im Dorf gefundene Vieh herauszutreiben. Nachdem dieses geschehen war, und die Dorfbevölkerung liquidiert worden war, wurde das Dorf in Brand gesetzt."

Ein weiterer späterer Polizist, Karl G. aus Mönchengladbach, beschrieb das Vorgehen der einzelnen Mordtrupps: „Ich gehörte zu der Schützenkette, die das Dorf von außen abriegelte. Unter Führung meines Komp.-Chefs, Hptm. E. wurde das Dorf angezündet, und zwar durch kleine Trupps von 2, 3 Mann. Es handelte sich hier um ein kleines altes Dorf von etwa 20 eingeschossigen Dorfhütten mit Strohdächern ... Zuerst betraten die Trupps die unverschlossenen Häuser, in denen die Leute noch geschlafen haben können. Kurz danach hörten wir in den Häusern Entsetzensschreie, und es waren auch MP-Feuerstöße zu hören. Danach erst zündeten diese Trupps die Häuser an. Es dauerte keine Stunde, da war das ganze Dorf eingeäschert. Die Sperrkette war so dicht, dass es absolut unmöglich war, dass jemand das Dorf während der Vernichtungsaktion verlassen konnte ... Ich nehme an, dass die Dorfbewohner sämtlich erschossen waren, bevor sie verbrannten."

Beinahe identisch waren die Beobachtungen des Rohproduktehändlers Heinrich G. aus Heiligenkirch. „Das Dorf wurde umzingelt und ich gehörte zur äußeren Absperrung", sagte

G. bei seiner Vernehmung nach dem Krieg. „Betonen möchte ich, dass die wehrfähigen Männer vom Jünglingsalter bis zu etwa 35 Jahren gar nicht anwesend waren. Wir vermuteten, dass diese jüngeren Leute, soweit sie nicht schon gefallen waren oder sich in Gefangenschaft befanden, in den umliegenden Wäldern als Partisanen hausten und durch die Hausbewohner bzw. Angehörigen unterstützt wurden. In kleinen Trupps betraten nun die Polizei und SD-Angehörige die Häuser schlagartig, und kurz danach mussten sich die Hausbewohner vor ihren Häusern aufstellen, wie uns gesagt worden ist. Es fielen auch zahlreiche Schüsse. Natürlich hörte ich auch das Geschrei der Leute und das Gebrüll bzw. die lauten Kommandos ... Als die äußere Absperrung nach einiger Zeit eingezogen wurde, brannte bereits die Ortschaft lichterloh. Es blieb kein Haus verschont ... Die Kinder und Frauen sowie die Greise überlebten die Vernichtung ihres Dorfes nicht. Sie wurden erschossen und ihre Leichen verbrannten."

Neben solchen Zeugen, die sich vor allem als unbeteiligte Beobachter darstellen, gibt es auch solche, die nach einigem Zögern gestehen, selbst gemordet zu haben. Der Weber Peter S. aus Süchteln etwa gibt zu Beginn noch vor, er könne sich nicht erinnern: „Ich weiß heute nicht mehr genau, ob ich zur äußeren Absperrung oder zu einem der kleinen Trupps gehörte, die befehlsgemäß in die unverschlossenen Häuser eindrangen, wo sie die Leute anwiesen, sofort vor das Haus zu treten" sagt er bei seiner Vernehmung durch das Landeskriminalamt Nordrhein-Westfalen am zweiten Juni 1960. Dann aber gibt er sich offenbar einen Ruck und erzählt unmittelbar aus dem Geschehen: „Wer nicht sofort herauskam, wurde in dem Tumult zu Haus erschossen, zumal sich auch mancher wohl zur Wehr setzte. Die meisten Dorfbewohner wurden vor ihren Häusern durch uns mit Karabinern bzw. durch die Unterführer mit MP erschossen. Mit meiner Gruppe habe ich die Bewohner von drei bis vier Häusern erschießen müssen. Meine Gruppe hatte die Bewohner der drei bis vier Häuser geschlossen von Fall zu Fall erschossen, wie es der Befehl von uns verlangt ... Bei den Erschossenen handelte es sich um Kinder, Frauen und Greise, da die Männer schon das Weite gesucht hatten, wie es uns die beiden SD-Leute schon vor dem Einsatz ... bekannt gaben. Auf die Frage, ob die Opfer uns vor der Erschießung um Gnade anflehten, kann ich nur sagen, dass mir diese Menschen furchtbar leid taten, da ich damals auch schon Frau und Kind hatte, aber was blieb mir anders übrig, als diesen furchtbaren Befehl auszuführen."

Die meisten haben damals gehandelt, wie Peter S. aus der Weberstadt Süchteln. Die einen, etwa der früh verwaiste Bauarbeiter Lorenz D., der Zeugenberichten zufolge bei Pogromen mit Peitsche auftrat und im Heimaturlaub weiblichen Bekannten erläuterte, wie man in Kiesgruben tötet (die Kinder zuerst, dann die Mütter), sagten später kühl, sie hätten „keine Möglichkeit und Veranlassung" gesehen, die Befehle zu missachten. Andere, wie der Polizist Karl G. aus Mönchengladbach, beriefen sich auf „Befehlsnotstand". Sie hätten ihre Opfer „sehr bedauert", aber wegen der Gefahr, selbst wegen Ungehorsams standrechtlich erschossen zu werden, getan, was befohlen worden war. Auch der Weber S, der beschrieben hat, wie er auf Frauen und Kinder schoss, hat sich so geäußert: „Es bedrückt mich heute noch sehr, dass ich dieses furchtbare Missgeschick hatte, als junger Polizeirekrut vom Staate zu dieser furchtbaren Befehlsausführung missbraucht worden zu sein", sagte er seinen Vernehmern. „Nachdem ich aber damals selbst erkennen musste, wie die damaligen Machthaber vor keinem Massenmord zurückschreckten, erkannte ich, dass ihnen mein Leben auch nichts bedeuten würde. Um nicht wegen Befehlsverweigerung erschossen zu werden, habe ich die Befehle ausgeführt, wie die anderen vielen auch."

DIE DEUTSCHE Justiz der sechziger Jahre ist dem Argument des „Befehlsnotstands", das die Soldaten damals für sich geltend gemacht haben, in vielen Fällen gefolgt. In einer Verfügung der Zentralstelle für die Bestrafung von nationalsozialistischen Massenverbrechen in Nordrhein-Westfalen heißt es etwa im Fall des Kompaniehauptwachtmeisters S.: „Eine Befehlsverweigerung – da hier im Felde begangen – hätte mit der Todesstrafe geahndet werden können. ... Auf diese Folgen einer Befehlsverweigerung sind die Bataillonsangehörigen wiederholt und eindringlich hingewiesen worden." Es könne deshalb nicht ausgeschlossen werden, dass die Voraussetzungen des Notstandes vorgelegen hätten.

Dass es dennoch oft genug auch eine andere Möglichkeit gab, als auf Befehl zu morden, erweist die protokollierte Aussage des Mädchens Maria Jagiełło aus Wólka Szczecka – derselben Zeugin, die zuvor vom Kind berichtet hatte, das die Soldaten am Händchen hoben, bevor sie auf es einstachen. Maria Jagiełło lag schon zusammen mit anderen zur Hinrichtung auf dem Erdboden, als die Männer, welche sie eigentlich töten sollten, den Leuten zuflüsterten, „dass sie uns nicht umbringen, aber verlangen, dass wir uns auf die Erde legen und bis zur Nacht unbewegt liegen bleiben, weil sie die Ausführung des Befehls melden müssen. Nach Abgabe einiger Schüsse, die niemanden von uns verletzten, gingen sie fort."

Acta Iure Imperii

ALS ICH Winicjusz Natoniewski zum ersten Mal sah, blieben meine Augen an seinem verbrannten Gesicht haften, nur um gleich wieder, beschämt von der Gier des Gesunden nach dem Anblick des Gezeichneten, wieder abzugleiten, und sich Sekunden später wieder vorzutasten – zum zerstörten Ohr, zu den sorgfältig über die Brandflächen des Schädels gekämmten Haarresten, zu den feuerrot geblähten Ballons der Hände mit den knolligen Fingerresten daran. Der Verbrannte duldete die Blicke, die ich vor mir selbst mit der Beobachtungspflicht des Chronisten rechtfertigte, mit resignierter, beinahe heiterer Nachsicht, so dass ich schließlich, als ich von seinen Entstellungen fürs Erste genug zu wissen glaubte, Gelegenheit fand, auch seine Kleidung zu betrachten.

Natoniewski war ungewöhnlich distinguiert gekleidet für einen Mann aus den rückwärtigen Dörfern, einen kriegsversehrten Rentner, der sein Leben lang mit wenig anderem zu tun gehabt hatte als mit Vieh, Saatgut und Ackermaschinen. Er trug einen tadellosen dunkelblauen Anzug mit Weste, gebügeltem Hemd und dezenter Krawatte, und alles war so neu, dass am rechten Ärmel noch der Aufnäher des Herstellers haftete.

Der Mann, den ich hier so sorgfältig gekleidet sah, war der Winicjusz Natoniewski der Gerichte. Es war der Herbst des Jahres 2007. Wir hatten uns in der Kanzlei eines Anwalts am Rande der Danziger Altstadt am eleganten Targ Drzewny, dem früheren Holzmarkt, getroffen, und der Mann, dessen frühe Jahre so verhängnisvoll im Zeichen des Deutschen gestanden hatten, stand gerade im Begriff, seinem Lebenslauf eine letzte Wendung zu geben: Ein halbes Jahrhundert nachdem der Knabe Winicjusz brennend über die Dorfstraße gerannt war, zog ein alter Mann vor das Bezirksgericht, um Klage zu erheben gegen Deutschland. Eine Million Złoty, etwa 220.000 Euro als Wiedergutmachung, das war die Forderung dieses Alten; der elegante Dreiteiler aber, den ich vor mir sah, war Winicjusz Natoniewskis Kampfanzug für dieses letzte Gefecht.

Wie aber sah der Schaden genau aus, der „wieder gut" zu machen war?

Die Geschichte ist lang, und sie ist kurz erzählt. Nachdem der Vater den brennenden Winicjusz mit dem Wasser der Pfütze gelöscht und sich dann gleich wieder in irgendein Versteck geschlagen hatte, war Józefa Rogalla, des Vaters Schwester, mit ihrem verletzten Neffen im Arm zum Dorfplatz gerannt, wo man die Frauen und Kinder zusammentrieb, die noch am Leben waren. Während, wie sich später herausstellte, ihr Mann und ihr Sohn um die gleiche Zeit getötet wurden, trug sie den Jungen im Treck der Überlebenden bis zum Verladepunkt im Nachbarort Gościeradów.

Die nächsten drei Jahre hat Winicjusz Natoniewski in den elenden Spitälern der polnischen Nachkriegszeit verbracht. Sein Vater, der wie die Mutter den Brand überlebt hatte (auch der Großvater, den Winicjusz damals im Rauch der Kartoffelgrube zurückgelassen hatte, war dann doch noch entkommen, hatte sich mehrmals übergeben und schließlich seine Gesundheit wieder erlangt), verhinderte, dass die Ärzte dem Jungen die verstümmelten Hände vollends amputierten, und schließlich konnte Winicjusz wieder eine Schule besuchen. Sein erster Plan, Agrartechniker zu werden, scheiterte zwar, weil die dünne Haut seiner verheilten Finger den Schmutz der Drehbänke sowie die Seife zur Reinigung nach der Arbeit nicht vertrugen; schließlich aber gelang ihm nach ungezählten Krankenhausaufenthalten und Transplantationen ein Abschluss als Agraringenieur.

Noch schwerer als seine Verletzungen ertrug er die Blicke. Die beinahe heitere Resigniertheit, mit welcher der alte Mann bei unserem ersten Treffen die Wanderungen meiner Augen über seine geschundene äußere Erscheinung geduldet hatte, war dem jungen Winicjusz nicht von Anfang an gegeben gewesen. Er litt unter dem Gaffen der anderen. Wenn er wieder einmal ein Pupillenpaar an sich haften spürte, wurde ihm heiß und kalt, und als die Zeit kam, in der seine Freunde begannen, Mädchen den Hof zu machen und Familien zu gründen, nahm er verzweifelt wahr, wie die Gesichtszüge der jungen Frauen bei seinem Anblick entgleisten. Dass er zuletzt, in jenem Fernsehraum bei der LPG, doch noch eine fand, die ihn nahm, empfindet er bis heute als Wunder.

Bereits zu jener Zeit hatte sein langer Kampf um Gerechtigkeit begonnen. In den fünfziger Jahren hatte er auf eine entsprechende Eingabe an den kommunistischen Ministerpräsidenten Cyrankiewicz die Antwort erhalten, ihm stehe keine staatliche Hilfe zu, denn Polen fühle sich nicht verpflichtet, für die Verbrechen eines anderen Staates aufzukommen. Der polnische „Bund der Kriegsinvaliden" sowie der „Bund der Kämpfer für Freiheit und Demokratie" teilten ihm mit, er sei seinerzeit zu jung gewesen, um etwa als Kombattant Hilfe zu bekommen.

So sind die Jahre vergangen. Als nach der Wende die „Stiftung deutsch-polnische Aussöhnung" geschaffen wurde, um Zwangsarbeiter und andere Kriegsopfer zu entschädigen, wurde ihm beschieden, er sei zwar ohne Zweifel ein Geschädigter des Hitlerschen Terrors, doch entspreche sein Fall nicht den gesetzlichen Kriterien. Weil er weder Zwangsarbeiter gewesen sei noch KZ-Häftling oder Opfer von „rassischer Verfolgung", könne die Stiftung leider nichts für ihn tun. Im Übrigen gebe es in Polen etwa 200.000 Fälle, die seinem glichen – Opfer des Krieges, die in keine Kategorie passten und deshalb keinen Groschen erhalten könnten. Winicjusz Natoniewski musste erfahren, dass er all das nicht war, was er hätte sein müssen, um im Geflecht der Hilfsfonds und Entschädigungstöpfe Berücksichtigung zu finden. Er war kein Soldat gewesen und kein Kriegsgefangener, kein Partisan, kein Jude, kein Waise. Er war einfach nur ein verbranntes Kind. Verbrannte Kinder aber haben keine Rubrik in den Tabellen.

So hat sich Natoniewski also einen Anzug gekauft und ist vor das Bezirksgericht gezogen. Eine bemerkenswerte Konstellation war das – so recht nach dem alten (wenn auch his-

78

torisch falschen) Bild der polnischen Kavallerie, die mit gezogenem Säbel gegen die Panzer der Wehrmacht anstürmt: das Kind aus dem Strohdachhaus, mit Brackwasser gelöscht, als das Dorf verbrannte, gegen den mächtigsten und reichsten Staat Europas, gegen die Bundesrepublik Deutschland.

Und wie jener mythische polnische Kavallerieangriff ist die erste Klage dann auch ausgegangen. Natoniewski nämlich musste erfahren, dass sein Prozessgegner Deutschland, ähnlich wie die Panzerwagen von damals, aber anders als kleine Jungen in polnischen Dörfern, eine Schutzhaut besitzt, einen Abwehrschirm, der zumindest vor fremden Gerichten jeden Angriff abwehrt: das Prinzip der *Staatenimmunität*. Staaten, Regierungen und ihre Vertreter, so sagt die Regel bündig, sind in ihrem hoheitlichen Handeln „immun" gegen fremde Gerichtsbarkeit. Kein Gericht eines anderen Staates kann über sie Urteile fällen. Wo Forderungen bestehen, sind sie nur in Verhandlungen zwischen den Regierungen durchsetzbar – oder im Krieg.

Die Staatenimmunität hat ihre Wurzeln im siebzehnten Jahrhundert, als mit dem dreißigjährigen Krieg der Gedanke einer für alle gültigen rechtlichen Ordnung, des „Reichs", dem alle Fürsten verpflichtet wären, zerfiel. Die Souveräne erließen fortan nach ihrem Plaisir die Gesetze ihrer Territorien, ohne dass ihre Rechtsordnung beanspruchen konnte, auch den Nachbarn zu binden. In ihrem wechselseitigen Umgang aber sicherten sie sich – zunächst für die Person des Fürsten und dann auch für andere staatliche Hoheitsträger – wechselseitig „Immunität" zu.

Dass die Immunität des Souveräns und seiner Beauftragten auch dort gilt, wo ein Staat Verbrechen begeht, ist wohl zum ersten Mal im Fall des amerikanischen Schoners „Exchange" gerichtlich bestätigt worden. Die „Exchange" war 1810 von der französischen Marine gekapert worden, weil sie angeblich Napoleons Blockade gegen England durchbrochen hatte. Als allerdings das geraubte und zum französischen Kriegsschiff umgerüstete Boot im Jahr darauf vor der amerikanischen Küste in einen Sturm geriet und Philadelphia anlaufen musste, machte ihr früherer Besitzer, ein gewisser M'Fadden, vor Gericht seine Ansprüche geltend – und fand einen überraschenden Gegner: die eigene Regierung. Weil nämlich Amerika damals vor einem Krieg gegen England stand und gute Beziehungen zu Frankreich suchte, argumentierte der „United States Attorney" (Generalbundesanwalt), ein hoheitlicher Akt eines souveränen Staates wie die Beschlagnahme eines Schiffes könne zwar zum Objekt von Verhandlungen zwischen den Regierungen werden, aber mangels gemeinsamer gesetzlicher Normen nie zum Gegenstand eines Gerichtsverfahrens. Das Gericht wies die Klage wegen Unzuständigkeit ab, und die „Exchange" segelte weiter unter der Flagge Frankreichs. Weitere, ähnlich gelagerte Fälle, etwa das Verfahren um die „Charkieh", ein Schiff des Khediven von Ägypten im Jahr 1873, trugen dazu bei, das Prinzip der Staatenimmunität auszubauen.

Zweihundert Jahre später ist es Winicjusz Natoniewski nicht besser gegangen als dem unglücklichen M'Fadden. Der deutsche Staat, der damals seine Tötungstrupps durch die Hütten von Szczecyn ausgeschickt hatte, erwies sich als unerreichbar für die Forderungen der Opfer. Das Bezirksgericht in Danzig weigerte sich unter Hinweis auf die Staatenimmunität, Natoniewskis Klage gegen Deutschland anzunehmen.

Weil die Hauptverhandlung nicht beginnen konnte, hat Deutschland in diesem Prozess seine Rechtsposition gar nicht erst darstellen müssen. Dennoch lässt sich ziemlich genau beschreiben, wie die Bundesregierung argumentiert hätte, wenn es zum Verfahren gekommen wäre. Keine geringeren als die Richter des Bundesverfassungsgerichts in Karlsruhe nämlich haben schon einmal dargelegt, wie aus deutscher Sicht Klagen aus verbrannten Dörfern zu bewerten sind.

Wieder sind wir im Jahr 1944, und wieder hat die SS ein Dorf umstellt. In der Nachbarschaft des Ortes Distomo am Fuße des Parnassos-Gebirges in Griechenland waren Partisanen gesichtet worden, und am 10. Juni 1944 holte die SS, genau wie vier Monate zuvor in Borów, zum Racheangriff aus. Distomo wurde „befriedet". Das Dorf verbrannte, 228 Menschen starben, unter ihnen vier Säuglinge und 34 Kinder unter zehn Jahren.

Dreiundfünfzig Jahre später geschieht dann etwas Unerhörtes: ein griechisches Gericht, das Landgericht Livadia, nimmt – Staatenimmunität her oder hin – nicht nur eine Klage von mehreren Überlebenden gegen Deutschland an, sondern verurteilt die Bundesrepublik auch noch zur Zahlung eines zweistelligen Millionenbetrags. Nur weil die griechische Regierung auf Drängen Berlins von ihrem Recht Gebrauch gemacht hat, die Zwangsvollstreckung zu verweigern, ist damals das Goethe-Institut in Athen der Pfändung entgangen. Eine Klage der Überlebenden vor dem Bundesverfassungsgericht wurde 2006 abgewiesen.

Im Fall Distomo nun hat das Bundesverfassungsgericht klar gemacht, wie Deutschland es mit verbrannten Dörfern hält. „Nach geltendem Völkerrecht", argumentierten die Richter, „kann ein Staat Befreiung von der Gerichtsbarkeit eines anderen Staates beanspruchen, wenn und soweit es um die Beurteilung seines hoheitlichen Verhaltens – so genannter Acta Iure Imperii – geht". Die Verbrechen der SS in Distomo aber seien „unabhängig von der Frage ihrer Völkerrechtswidrigkeit als Hoheitsakte einzuordnen."

Hat Winicjusz Natoniewski also umsonst seinen gebügelten Kampfanzug angelegt? Vielleicht ist das letzte Wort in dieser Sache noch nicht gesprochen. Der Instanzenweg ist noch

nicht zu Ende und weltweit hat das Prinzip der Staatenimmunität, die Drachenhaut der Souveräne, in den letzten Jahren
Risse bekommen. Gleich in mehreren Fällen haben internationale Gerichte bei besonders schweren Verbrechen auch „Souve-
ränitätsträger" aus ihren Bunkern geholt, so etwa den früheren
serbischen Präsidenten Milošević wegen seiner Verantwortung
für den Völkermord auf dem Balkan. Solche Verfahren haben
die Welt mit dem Gedanken vertraut gemacht, dass in der Epoche der Vereinten Nationen Immunitätsauffassungen aus Zeiten französischer Kaiser und ägyptischer Khediven vielleicht in
den Herbst ihres Glanzes getreten sind.

Mordangriffe gegen schlafender Dörfer werden neuerdings
nicht mehr überall in der Welt als unjustitiable „acta iure imperii" betrachtet. Einige wichtige Ausnahmen sind aufgetreten –
und wieder führt die Erzählung in den Sommer 1944.

Abermals ist es früh am Morgen und wieder ist der
Schauplatz des Dramas ein von Hitlers Truppen besetztes eu-
ropäisches Land. In der sommerlichen Toskana, bei Civitella
bei Arezzo, sind die Deutschen aufgefahren. Noch bevor das
Dorf erwacht, sind alle Zufahrten besetzt. Das alte Muster
spielt sich ab: Schützentrupps ziehen von Haus zu Haus, töten Männer, Frauen Kinder mit Genickschüssen, der Pfarrer
teilt das Schicksal seines Amtsbruders in Borów. Am Ende
sind mehr als 200 Menschen tot.

Ewige Wiederkehr des gleichen Musters? Ja, wenn nicht
ein entscheidender Punkt anders wäre als bei Borów, Szczecyn und Distomo: Den Überlebenden von Civitella nämlich
ist es gelungen, dem Prinzip der Staatenimmunität, das die
Bundesrepublik auch diesmal emporhielt, einen entscheidenden Stoß zu versetzen. Sie haben ihren Fall durch alle Instanzen vorangetrieben und im Herbst 2008 hat der italienische
Kassationsgerichtshof die Bundesrepublik zur Zahlung eines
Schadenersatzes von 800 000 Euro an die Angehörigen zweier

Opfer verurteilt. Anders als in Griechenland aber hat die Regierung in Italien keine Möglichkeit, die Vollstreckung des Urteils zu verweigern, so dass Deutschland nun nichts anderes übrig bleibt, als den Spruch der „Cassazione" vor dem Internationalen Gerichtshof anzufechten.

Für Winicjusz Natoniewski könnte diese Entwicklung noch wichtig werden. Die ersten Instanzen in Danzig haben seine Klage zwar abgewiesen, doch seit die Cassazione ausdrücklich festgestellt hat, dass im Falle schwerster Menschenrechtsverletzungen die Schutzwirkung der Staatenimmunität aufhöre, hat Justitia begonnen, ihre Waage neu zu tarieren. Wie Natoniewskis Kampf schließlich enden wird, bleibt deshalb abzuwarten. Einstweilen aber ist dem Verbrannten immerhin erste Genugtuung geworden: Die Behörden haben ihm eine Pflegehilfe von monatlich hundert Złoty (22 Euro) zugesprochen – und dazu noch 90 Złoty extra für die Stromrechnung.

Die Männer im Wald

ES WAR in Warschau, am ersten August 2004, um siebzehn Uhr. Am Brunnen unter dem Chopin-Denkmal im weitläufigen Park Łazienkowski war gerade das Sommerkonzert zu Ende gegangen. Familien und Liebespaare, Großmütter in Sommerhüten und kleine Kinder in Sonntagssöckchen, spazierten durch die Alleen zu den königlichen Bädern oder zum Entenfüttern an die Gondelteiche, als unvermittelt und von allen Seiten zugleich ein Sirenenton die Luft erzittern ließ. Wie auf Verabredung erstarb alles Leben. Die Großmutter setzte die Stockspitze in den Kies und gefror wie Lots Weib beim Anblick des brennenden Sodom, die Familien erstarrten samt Mops und Säugling zu expressionistischen Figurengruppen und in den Lauben verstummte das Turteln der Pärchen.

Der Heulton signalisierte nicht den Beginn irgendeiner Feuerwehrübung. Die Sirene vom ersten August ist in der polnischen Hauptstadt die Sirene schlechthin: das Signal der Stunde „W" – des Augenblicks, in dem im Sommer 1944 der Warschauer Aufstand begonnen hatte, das mächtigste Symbol des nationalen Widerstands im besetzten Polen. Heute, fünfundsechzig Jahre danach, kommt am ersten August um siebzehn Uhr buchstäblich das gesamte Leben der Millionenstadt für die Dauer eines Atemzuges zum Erliegen, wenn die Sirene heult und auf den Boulevards Tausende von Autohupen in das allgemeine Crescendo von Alarm, Erhebung und gelinder Panik einstimmen.

Losgebrochen am ersten August 1944, neun Monate vor dem Ende des Krieges, war die Insurrektion der im Untergrund operierenden polnischen „Heimatarmee" („Armia Krajowa", AK) der letzte und zugleich der entscheidende Versuch dieser Nation, das eigene Land noch vor Ankunft der anrückenden sowjetischen Truppen aus eigener Kraft zu befreien.

Es war die größte Erhebung in der Geschichte des besetzten Europa, doch statt zur Befreiung führte sie in die vollendete Tragödie. Die Heimatarmee konnte zwar die Warschauer Innenstadt gewinnen und zwei Monate lang halten, doch schließlich erstickten die Deutschen den Aufstand in einem Blutbad. Während auf der östlichen Weichselseite die sowjetischen Truppen ihren Vormarsch unterbrachen (ein unabhängiges Polen passte nicht zu Stalins Plänen), entvölkerten die Hinrichtungskommandos der SS ganze Stadtteile. Ganz wie in Borów und Szczecyn, nur mit noch gesteigerter Mordlust, zog die SS von Haus zu Haus. Sprengtrupps vernichteten Straße um Straße. Anfang Oktober lag Warschau in Asche und etwa 170.000 Zivilisten hatten ihr Leben verloren.

Die Geschichten vom Rebellen aus der Kanalisation mit dem aus Abflussrohren zusammengeschweißten Gewehr, von der Sanitäterin hinter den Barrikaden oder vom Pfadfinderjungen, der als Melder durch die Kordons schlüpft, sind damals zur großen Erzählung der ganzen Nation geworden, auch wenn die Kommunisten später alles taten, um die Leistung der antisowjetisch gesinnten Heimatarmee zu verwischen. Präsident Lech Kaczyński hat dem Historiker Norman Davies einmal erzählt, welch zentrale Rolle die Geschichten von Kampf und Martyrium für ihn und seinen Zwillingsbruder Jaroslaw in ihrer Kindheit gespielt hatten: „Mein Bruder und ich, wir waren fasziniert von den zwei Pistolen, die mein Vater im Aufstand besessen hatte – eine von ihnen eine Parabellum. Wir erfuhren viel über die Partisanen, über junge Leute, die vom Tanz direkt ins Gefecht gingen, oft in ihr letztes: über Verrat und Verurteilung, über den Aufstand."

ZWEIHUNDERT KILOMETER südlich, wo die Parkettstreifen der Felder an den Waldrand stoßen, ist ein Kind aus dem Sommerlicht in den Schatten der Kiefern getreten. Die offenen Äcker bleiben zurück. Kleine Lichtungen wechseln sich jetzt ab mit dichten Gehölzen, die Wege verlieren sich in tausend Pfaden, und es beginnt jene Zone aus Dickicht und Dämmer, in der die Bauern von Borów in diesen schweren Zeiten ihr Vieh weiden, damit die Deutschen nicht jede Kuh und jedes Lamm zu sehen bekommen.

Das Mädchen ist ein Stück ins träumende Zwielicht hineingegangen, vielleicht mit einem leichten Haselstock in der Hand, vielleicht barfuß, wie es auch heute noch die Kinder von Borów tun, wenn sie abends die Gänse heimholen – da erstarrt es plötzlich. Vorne im Schatten sind ein paar Kühe aufgetaucht – und bei den Kühen bewegt sich eine eigentümliche Gestalt: ein Mann, unrasiert, in offenem Hemd, mit Militärstiefeln und irgendeiner Soldatenmütze auf dem Kopf, alles wild zusammengestellt aus den Kleiderkammern aller Armeen dieses Weltkriegs. Aber mehr als die wilde Kleidung dieses Fremden beunruhigen das Mädchen zwei Details. Erstens: an seiner Schulter hängt eine dunkel metallene Waffe, eine Maschinenpistole mit einem großen, runden Magazin. Zweitens: der Mann melkt die Kühe der Familie.

Das Mädchen – es ist Marianna Goleń, unsere gewissenhafte Zeugin mit dem Notizblock, die so traurig war, als sie mir eröffnete, dass sie die deutsche Sprache nicht ertrage – ist einem Partisanen begegnet.

Man schreibt das Jahr 1942, vielleicht auch 1943. Hinter den Äckern liegt Borów noch in der Sonne wie eh und je. Die Deutschen haben die Städte besetzt, die befestigten Straßen, das offene Land. In die Wälder aber sind sie in letzter Zeit nur noch selten vorgedrungen, denn in den Wäldern drohen Hinterhalte, die Wälder sind das Reich der Partisanen. Marianna Goleń, das Mädchen von damals, berichtet präzis, leise, konzentriert. Ihr Rücken duckt sich beim Erzählen, sie zieht den Kopf zwischen die Schultern, während sie den Partisanen im Wald beschreibt, ganz so, als suche sie Unterschlupf; sie blickt scheu um sich, mimt mit leichtem Körperwippen und angehobenen Händen schleichende Schritte, imitiert das Mädchen, das damals voll Angst und Neugier an den fremden Mann heranschlich.

Die Kinder von Borów haben so einiges wahrgenommen vom geheimen Leben der Männer in den Wäldern – vor allem dies, dass das erste Gesetz des Überlebens das Schweigen war. Sie schwiegen, wenn sie gesehen hatten, wie im Waldcamp mit verbundenen Augen der Arzt vorgefahren wurde, weil jemand verwundet worden war, und erst recht hielten sie zu Hause still, wenn die Männer draußen wieder die Kuh gemolken hatten und die Mutter argwöhnisch fragte, wieso so wenig Milch da sei.

Die Älteren im Dorf, etwa Stanisław Kamecki, der Mann mit dem Kätzchen, den seine Frau gerade beruhigend am

Arm berührt, weil die Handfläche wieder begonnen hat, die Tischplatte zu bearbeiten, oder auch der Witwer Stępień, waren noch selber dabei. Ihre Pseudonyme (Kamecki etwa hieß „Rudolf") waren eingeschrieben in den Listen der Heimatarmee oder der „Nationalen Streitkräfte". Kamecki hat es heute nicht mehr ganz leicht, seine Erinnerungen zu ordnen. Die losen Fragmente seines Gedächtnisses – besonders auffällig ist ein wiederkehrendes Bild von schwarzem Holz in weißem Schnee – fügen sich nur noch unwillig zu kohärenten Bildern. Stępień dagegen weiß noch genau, wie er in der Nacht vor dem Brand von der Heimatarmee zur Patrouille eingeteilt war, bevor er seine Waffe an die Ablösung weitergab, und zum Ausschlafen heimging – nur um wenige Augenblicke später, von der Mutter geweckt und „als Frau verkleidet", jenem Soldaten zu begegnen, der nicht schießen wollte. Mutter Stanisława, die mächtige Befehlshaberin des Gasthofs, damals eine junge Frau nach der man sich umsah, ausgestattet mit diesem Zug um die Nasenwurzel, der den Männern der Wälder sagte, dass ein Partisan nun einmal „nichts für ein junges Mädchen" war, Stanisława Kolerska also weiß noch von einem Gottesdienst der Kämpfer im Wald, an dem sie damals selbst teilnahm. Pfarrer Stańczak hatte die Messe zelebriert, eben jener, der dann, als Borów brannte, in der Kirche die Arme hob. Sie selbst aber tauchte noch vor dem Messwunder im Dickicht unter, weil jemand Fotos machte und ihr Instinkt ihr riet, beizeiten zu verschwinden.

Es war ein verschlungenes, kompliziertes, ebenso gefährdetes wie kraftvolles Leben damals in den Wäldern. Rings um Borów gab es wohlorganisierte Partisaneneinheiten, aber auch versprengte kleine Einzelgruppen. Es gab Juden auf der Flucht, Deserteure der SS und immer wieder größere und kleinere Haufen von russischen Kriegsgefangenen, die den tödlichen deutschen Lagern entkommen waren. Manche Partisanenführer agierten auf eigene Faust, andere orientierten sich an den Instruktionen der Londoner Exilregierung, und immer öfter kamen ihre Befehle auch aus Moskau, wo Stalin begonnen hatte, mit der „Volksgarde" („Gwardia Ludowa", später „Armia Ludowa") eine eigene polnische Untergrundstruktur aufzubauen. Manche Gruppen, etwa die „Heimatarmee", welcher der Witwer Stępień angehörte, versuchten, die diversen Strömungen der polnischen Vorkriegsrepublik in sich zu vereinen. Andere, wie die Kommunisten oder die konservativ-katholischen „Nationalen Streitkräfte" (NSZ), in deren Listen Stanisław Kamecki als „Rudolf" auftauchte, bekämpften einander blutig und verbissen.

Die Deutsche Führung hatte für den Partisanenkrieg äußerste Grausamkeit befohlen. In der „Kampfanweisung für die Bandenbekämpfung im Osten" vom 11. November 1942 hieß es, sentimentale Gesichtspunkte seien in diesem Kampf fehl am Platze. Härteste Strafen müssten verhängt werden, wo die Bevölkerung die „Banditen" unterstütze. Gefangene Kämpfer, Frauen wie Männer, müssten sofort gehängt werden. Dörfer, welche die Partisanen unterstützten, sollten mit verschärften Ablieferungspflichten bestraft werden, mit Zwangsarbeit und Deportation und im äußersten Fall mit totaler Vernichtung.

Die Leute in den Dörfern lebten zwischen Hammer und Amboss. Für die Partisanen war die Unterstützung der Bauern, ihr Geld und ihre Lebensmittel, ihre Häuser und Ställe als Winterquartiere eine Überlebensfrage. Sie sind dabei oft nicht zimperlich gewesen, wenn sie holten, was sie brauchten, und wenn ein Bauer nicht gab, was man forderte, nahm man das Brot, das Mehl, den Zucker eben trotzdem. Die Grenze zwischen patriotischen Untergrundkämpfern und simplen Strauchdieben war dementsprechend nicht immer ganz klar, und die verfeindeten kommunistischen und katholisch-nationalen Gruppen beschuldigten einander regelmäßig, sie seien keine Partisanen, sondern einfach nur räuberische Strolche.

Auch in Borów war man deshalb nicht immer nur glücklich, wenn man die Männer der Wälder sah. Man wußte zwar, dass viele im Dorf auf den Listen der diversen Untergrundarmeen standen und auf ihre Einsatzbefehle warteten, man hatte auch Sympathie für ihren Kampf, aber man fürchtete ihre Requirierungstrupps und vor allem fürchtete man die Deutschen. Im Vorgarten des Wirtshauses mit dem Jungfernbrünnlein erinnert sich Mutter Stanisława, wie die Frauen im Dorf – Männer gab es ja nicht mehr viele – lavieren mussten, wenn wieder die Heimatarmee am Zaun stand, die Leute der „Nationalen Streitkräfte", oder gar die Männer des gefürchteten Kiełbasa, der sich unter dem Kriegsnamen „Dziadek" (Großvater) zwar als Freiheitskämpfer ausgab, den die Leute des Dorfes aber als schlichten Dieb und Antisemiten in Erinnerung haben, der nichts im Kopf gehabt habe, als Beute, Frauen und die Jagd auf flüchtige Juden. Was also tun, wenn die Partisanen vor der Tür standen und Brot verlangten? – „Ja zu sagen ging nicht, denn dann bekamen wir Ärger mit den Deutschen", erzählt Mutter Stanisława. „Nein sagen ging auch nicht, denn dann gab es Probleme mit den Partisanen. Da haben wir uns also einfach nur umgedreht, wenn sie auf den Hof kamen und einfach nicht hingeschaut. – Da ist das Brot, sagten wir dann – nehmt es, nehmt es nicht, macht was ihr wollt, in Gottes Namen, nur lasst uns in Ruh."

IM HAUS der Marianna Goleń, der alten Dame mit dem Notizblock und dem feuerroten Polski-Fiat, die damals im gesprenkelten Waldlicht jenen Mann beim Melken sah, habe ich zum ersten Mal die Geschichte von der Mühle gehört. Ich hörte sie zusammen mit der Erzählung vom Partisanenführer Ząb, dessen Schicksal sich mit dem Schicksal Boróws so eng verknüpft hat, dass das eine ohne das andere nicht mehr zu erzählen ist; die Erzählerin war Stanisława Gnaź gewesen, deren kühl forschende, helle Augen unter gewölbten, sorgfältig gezupften Brauen mir verraten hatten, dass sie im Leben mehr gesehen hatte, als nur die Zäune ihres Heimatdorfes. Sie war in Gesellschaft von Wacław Delekta erschienen, dessen Stirn sich beim Sprechen in ausdrucksvolle Arabesken faltet – demselben, der als Junge beim Brand von Borów seinen Vater zum letzten Male sah. Später hat er eine Schwester jenes Mädchens Lucyna geheiratet, welches lachende Männer ins Feuer geworfen hatten.

Etwas oberhalb des Dorfes am Fluss gelegen, hatte die Mühle den Brand von Borów überlebt. In den achtziger Jahren ist sie dann abgerissen worden; wo sie stand, ist heute nur noch eine kleine Erweiterung im überwachsenen Bett der Sanna zu sehen, und nur wer genau hinschaut, nimmt noch die Reste der Staumauer wahr, in deren Fundament die Leute nach einer Borówer Erzählung, die ich im Gasthof gehört habe, nach dem Krieg das Chassis eines verbrannten deutschen Kübelwagens einbetoniert haben.

Als die Mühle noch stand, herrschte hier reges Leben. Zur Erntezeit standen die Bauern mit ihren Getreidefuhren Schlange, Männer mit in den Nacken geschobenen Mützen wuchteten mächtige Säcke voll Korn zum Mahlwerk über der Francis-Turbine, die Pferde tauchten die Schnauzen in die Haferbeutel, und wer noch nicht dran war, tauschte mit dem Nachbarn bei einer Zigarette die Neuigkeiten des Tages aus.

Stanisława Gnaź, die Dame mit den sorgfältig gezupften Brauen über kühlen Augen, war oft bei der Mühle. Ein Foto aus der unmittelbaren Nachkriegszeit zeigt sie vor den Planken der Außenwand in einem städtisch wirkenden Mantel mit Pelzkragen. Offenbar hatte sie da schon einiges von der Welt gesehen; Städte, Meere – mehr jedenfalls, als nur die vier Wege von Borów.

Hier an der Mühle ist sie dann auch dem Mann begegnet, der den Kriegsnamen Ząb trug, was soviel heißt wie „Zahn", und der für ein paar Monate der mächtigste, am tiefsten bewunderte, aber wohl auch am ängstlichsten gefürchtete Mann von Borów werden sollte. Bis heute sind die Meinungen über Ząb, der mit bürgerlichem Namen Leonard Zub-Zdanowicz hieß, geteilt; manche wie Marek Kolerski, Mutter Stanisławas großer Sohn, verteidigen ihn, als sei seine Ehre die Ehre des Vaterlands. Andere dagegen, etwa Wacław Delekta, der Mann mit den Arabesken auf der Stirn, wiegen zweifelnd den Kopf, wenn die Rede auf Ząb kommt.

Stanisława Gnaź war wohl gerade neunzehn, als sie diesen Mann zum ersten und einzigen Mal sah. Ihr Onkel hatte sie für die katholischen „Nationalen Streitkräfte" (NSZ) geworben. Niemand war eingeweiht, denn Mitwisser, selbst Vater und Mutter, konnten zur tödlichen Gefahr werden, wenn das Schicksal sie in die Folterkeller der Deutschen führte. Anlässlich ihrer Aufnahme aber traf sie dann in der Mühle für einen kurzen Augenblick einen stattlichen Mann mit fülligem, energischem Gesicht, fleischigen Wangen und einer markanten Grube im Kinn: Ząb.

Ząb war damals – es mag die zweite Hälfte des Jahres 1943 gewesen sein, der letzte Sommer des alten Borów – auf dem Weg, für eine kurze Zeit zum unbestrittenen Herrscher der Dörfer an der Sanna zu werden. Seine Einheit, bei der auch der alte Kamecki eingetragen war, gehörte zum „rechten" NSZ und zählte mehrere hundert Mann. Wie bei so vielen Partisanenformationen jener Zeit fanden sich in ihren Reihen nach der Darstellung des Historikers Marek Chodakiewicz neben einem Kern von echten Widerstandskämpfern auch diverse Verzweifelte, entkommene Russen, flüchtige Juden, ein von der Wehrmacht desertierter zwangsverpflichteter Belgier namens Joseph Vendrix, und dazu noch der eine oder andere Strauchdieb und Gelegenheitskämpfer, der mehr wegen der Aussicht auf ein Paar brauchbarer Schuhe hinzugekommen war als wegen des Vaterlands, und der sich lieber dem neuen Herren der Wälder anschloss als von dessen Streifen als Bandit erschossen zu werden.

Der Streit um Ząb geht zurück auf eine der aufsehenerregendsten Aktionen seiner Einheit in dieser Zeit. Auf ein Unternehmen, an das bis heute in einem Waldstück bei Borów ein Gedenkstein erinnert; eine Operation, die der Befehlshaber aus damaliger Sicht als vollständigen Erfolg gewertet haben mag, und die trotzdem die Fachwelt bis heute entzweit.

Die „Nationalen Streitkräfte" hatten nach Stalingrad erkannt, dass Polen nach der absehbaren deutschen Niederlage Gefahr lief, zum Opfer einer zweiten Fremdherrschaft zu werden – der sowjetischen. In klarer Analyse der Absichten Stalins hatten sie deshalb den Kampf gegen die Kommunisten als gleichwertiges Ziel neben den Kampf gegen die Deutschen gestellt. Da außerdem die sowjetisch gesteuerten Partisanen ihrerseits die nationale polnische Rechte rücksichtslos bekämpften und offenbar auch in der Umgebung Boróws schon mehrere ihrer Mitglieder getötet hatten, galten die kommunistischen Kämpfer den Männern Ząbs ebenso als Feinde wie die Deutschen.

Die Episode, die die Erinnerung an „Ząb" und seine Einheit verdunkelt, hat sich am 9. August 1943 zugetragen, ein halbes Jahr, bevor Borów brannte. Folgt man Chodakiewicz, hatte Ząb erfahren, dass die Abteilung „Jan Kilinski" der kommunistischen „Volksgarde" in der Gegend aufgetaucht war. Als die neuen Kämpfer mit ihm Verbindung aufnehmen wollten, ließ er ihre Boten fesseln, umstellte ihren Stützpunkt und konnte die überraschten Männer in wenigen Minuten überwältigen. Nach einem summarischen „Gerichtsverfahren" – wohl eher einer kurzen Besprechung zwischen Ząb und seinen Unterführern – mussten die Gefangenen Kleider und Schuhe ablegen, dann gab der Befehlshaber den Feuerbefehl. Über die Zahl der Männer, die damals starben, gehen die Angaben auseinander, aber es dürften knapp dreißig gewesen sein.

Nach dieser Tat, in den letzten Monaten vor der „Befriedung" der fünf Dörfer im Wald, war Ząb offenbar der unangefochtene Herr der Partisanen an Weichsel und Sanna. Seine Einheit wuchs auf die ganz ungewöhnliche Stärke von mehreren hundert Mann, hielt Messen, Paraden und Prozessionen ab und machte nicht mehr nur in den Wäldern, sondern in den Dörfern selbst Quartier, oft in den Häusern früherer jüdischer Bewohner, die schon in den ersten Kriegsjahren von den Deutschen verschleppt oder gleich an Ort und Stelle von ihnen ermordet worden waren. Ząbs Leute nannten Borów damals ihre „Hauptstadt"; der Befehlshaber residierte mitten im Ort, etwa dort, wo sich schon damals die vier Wege kreuzten, und wo die Männer heute nach Feierabend auf den Stufen des Kramladens noch schnell ein Bier trinken, bevor es heimgeht zu den mächtigen Herden.

In dieser Zeit muss es gewesen sein, dass in den deutschen Stäben der Entschluss zur „Befriedung" von Borów fiel. Wir wissen zwar nicht, was der konkrete Anlass des Überfalls zu Lichtmess war, aber Ząb muss dabei eine zentrale Rolle gespielt haben. Immer wieder hatten seine Leute die Besatzer mit größeren und kleineren Angriffen in Atem gehalten. Stanisława Gnaź, die Frau mit dem kühlen Blick, die Ząb damals in der Mühle traf, ist einmal bei der Vollstreckung eines „Todesurteils" gegen einen polnischen Gendarmen dabei gewesen; sie stand Posten, während die Männer dem Mann auflauerten, und sie hörte die Schüsse der Hinrichtung. Ein anderes Mal haben Ząbs Leute bei der Kamienna Góra, dem Hügel über Szczecyn, auf dem dann die Mörser standen, einen deutschen Gefangenentransport angegriffen.

Als die Deutschen dann zu Lichtmess zuschlugen, bewahrheitete sich wieder die alte Lehre, dass im Krieg nicht die Soldaten auf dem Schlachtfeld den höchsten Preis bezahlen, sondern die Frauen und Kinder daheim. Der Partisanenführer Ząb konnte sich mit den meisten seiner Männer retten. Einige waren in der Kirche gewesen und flohen, als Pfarrer Stańczak seine Warnung rief. Ząb selbst war in seinem Quartier, als die Deutschen kamen. Beim Anblick der Schützenketten befahl er sofort den Rückzug, und seine Leute entkamen in die Wälder. Einige von ihnen sind allerdings einige Tage später in einer Forsthütte von den Deutschen aufgespürt und getötet worden; Stanisław Kamecki, der Alte am Webstuhl der Geschichten, dessen Handgelenk gerade wieder zu beben beginnt, hat die Toten damals begraben. Weißer Schnee und das schwarze Holz eines verkohlten Spatens steigen aus den verschütteten Tiefen, schon ballen sich die Hände mit vorwärts gerichteten Zeigefingern: „Pak-Pak!" imitiert der alte Mann das Geräusch des Schießens. „Pak ..."

DIE RUSSEN kamen und das Kriegsende, die Jahrzehnte der Diktatur und die Wende. Pfarrer Stańczak, den Rufer in der Kirche, steckten die Kommunisten wegen seiner Nähe zu den katholischen Partisanen des NSZ ins Gefängnis. Mieczysław Stępień und Stanisław Kamecki krempelten die Ärmel hoch und bauten rings um die stehen gebliebenen Schornsteine ihrer Häuser neue Höfe auf. Mutter Stanisława zog ihre Kinder groß und seit der Wende unterstützt sie, den mächtigen Körper auf den Stock gestützt, mit unbändiger Energie und unbegrenzter Kommandogewalt den großen Marek, ihren Sohn, bei seinen Hochzeiten, Taufen und Leichenschmausen. Leonard Zub-Zdanowicz mit dem Kriegsnamen Ząb schlug sich mit dem Rest seiner Männer in den Westen durch, heiratete später eine Sanitäterin seiner Einheit, die er in jenem jüdischen

Haus in Borów kennengelernt hatte, und starb 1982 in den Vereinigten Staaten

Und Stanisława Gnaź, die Frau mit den gezupften Brauen über kühlen Augen? Sie ist in die Welt gegangen, zumindest für ein paar Jahre. Polen hatte schwer gelitten in diesem Krieg, aber Polen hatte auch Gewinn gemacht, neuen Boden erobert, den Osten des untergegangenen deutschen Reiches. Stanisława Gnaź also hat sich aufgemacht, als der Frieden kam – zuerst nach Danzig, wo die russische Artillerie von der alten deutschen Pracht nur noch Trümmer übriggelassen hatte, dann ins pommersche Stolp, das nunmehr Słupsk hieß. Sie teilte ihre Wohnung mit einer alleinstehenden deutschen Frau, welche der Vertreibung ihrer Landsleute Gott weiß auf welchem Wege entgangen war (vielleicht hieß sie Helga? Vielleicht war ihr Sohn noch in Gefangenschaft? – Jedenfalls hatte sie rote Haare), und die beiden Frauen, deren Welt in Flammen aufgegangen war, fanden, dass sie sich nicht schlecht verstanden. Es waren die besten Jahre, sagt Stanisława Gnaź heute. Fahrradtouren zur See und eine echte deutsche Waschmaschine, ein Wunderwerk mit handgetriebenem Propeller, gehören ebenso zu den Erinnerungen jener Zeit wie eine Fahrt ins frisch gewonnene Stettin, wo die junge Frau einmal auf einer Ausbildungsfahrt mit Kollegen eine Gaststätte besuchte, ein feines Restaurant in der Ulica Arkońska, der alten Eckbergstraße, das neben befrackten Kellnern auch gläserne Bodenkacheln mit unterirdischer Beleuchtung aufwies. Sie waren jung, sie sangen zur Musik, sie tanzten und sie ließen die Sohlen klappern, denn der „Kierownik", der Chef, hatte eine Parole ausgegeben, die Stanisława Gnaź heute noch weiß: „Tanz, dass dir die Fersen klacken, sonst gibt's eins auf die Hinterbacken". Es war ein unvergesslicher Abend, wenn wohl auch die eine oder andere der beleuchteten Kacheln zu Bruch ging. Man war jung und die Welt war groß. Später ist Stanisława Gnaź dann doch nach Borów zurückgekehrt. Ihr Bräutigam war Teilhaber jener Mühle, die heute nicht mehr steht.

Die Leute von Borów aber bewegen bis heute die Erinnerung an Ząb hin und her. Wacław Delekta, der die Schwester jener verbrannten Lucyna heiratete, legt zwar seine Stirn in ausdrucksreiche Arabesken, wenn vom blutigen Ende jener Männer von der „Volksgarde" die Rede ist, und fragt wohl gar, ob es denn wirklich unbedingt nötig gewesen sei, sie so gnadenlos hinzurichten, aber die Mehrheit im Dorf weiß, wo sie steht. Der große Marek in seinem Wirtshaus hat einmal kurz und bündig zusammengefasst, wie das war mit dem „Mord von Borów". Es hatte Kuttelsuppe gegeben, Eierpasteten und zuletzt „Griechischen Fisch" mit Möhren, Zwiebeln, Sellerie und Petersilienwurzeln. Das Gespräch hatte Gott und die Welt gestreift, und war zuletzt natürlich beim Krieg hängen geblieben. „Viehdiebe und Plünderer" – nichts anderes seien diese sogenannten Volksgardisten gewesen, die Ząb damals erschoss – und obendrein natürlich Kommunisten. Keine Frau sei vor ihnen sicher gewesen. „In normalen Zeiten hätten die ins Gefängnis gehört", sinniert Marek und schiebt den Teller mit der Sülze zur Seite. „Aber woher Gefängnisse nehmen, im Krieg, in den Wäldern ...". Die dröhnende Stimme des großen Mannes ist überraschend leise geworden. Nicht, dass er jetzt das Todesurteil, welches Ząb damals sprach, ausdrücklich wiederholt hätte. So weit ist Marek Kolerski an diesem Abend nicht gegangen. Aber die Leute von Borów, denen die Dorfkirche mit ihrem zerschossenen Christus bis heute das Zentrum der Welt ist, kennen ihren Platz, wenn sie zu wählen haben zwischen den Katholiken des Partisanenführers Ząb und den kommunistischen Kämpfern, die er töten ließ. Wenn Ząbs Partisanen damals ihr Lied von der „Königin der Krone Polens" sangen, „das Antlitz von Säbeln zerschnitten", erkannten die Leute von Borów ihre Schwarze Madonna wieder, die Ikone von Tschenstochau, die bis heute in keiner polnischen Kirche fehlt. Die „Internationale" konnte dagegen nicht viel ausrichten. So war das damals, und so ist es heute.

IN WARSCHAU, an jenem ersten August, haben die Sippen und Familien, die Großväter und die Tanten, die Liebesleute und die kleinen Mädchen in den Sonntagssöckchen den Weg zu den Gondelteichen übrigens bald wieder fortgesetzt, nachdem der Sirenenton verklungen war. Auch hier ist lange debattiert worden. War der Aufstand richtig? War es richtig, Zigtausende zu opfern, Männer, Frauen, Kinder, für einen Kampf, der fast hoffnungslos war? Damals schon hatten manche abgeraten, nicht zuletzt ein Teil der katholischen Rechten im Untergrund, die es vernünftiger fand, die Substanz des Volkes zu schonen, um gegen den kommenden Feind aus dem Osten gerüstet zu sein.

Seither sind zwei Generationen ins Land gegangen, die Deutschen Okkupanten sind ebenso abgezogen wie die russischen, und die Nation hat sich längst entschieden: Der Aufstand war richtig; er hatte Sinn. Im Park Łazienkowski jedenfalls hat an diesem Tag zur Stunde „W" keiner die Minute des Schweigens gestört, als jenseits der Kastanien der Heulton anschwoll. Die Partisanen, das war Konsens zwischen der Orangerie und den königlichen Bädern, haben die Ehre des Landes gerettet. Die Toten aber mögen ruhen, umrankt von Geschichte und Geschichten.

Der Ring des Jagdhunds

AUF DEM Wohnzimmertisch liegt ein Foto. Die Hausfrau hat Kaffee aufgetragen, sie hat von früher erzählt, von Krieg und Wanderung, vom Jagdhund Thyras, der nicht mehr lebt. Dann hat sie das Album geholt, und dieses Foto herausgelöst: Ein

97

paar ältere Leute stehen auf einer Freitreppe vor dem Türbogen einer Villa. Sie neigen sich zueinander, sie lächeln. Manche von ihnen sind offenbar auf Reisen, tragen Rucksack und Windjacke. Andere, etwa die freundliche Großmutter in der Mitte mit dem straff nach hinten gebundenen, dunklen Haar, sind häuslich gekleidet und wohl gerade erst aus dem Inneren herausgetreten. Eine der Reisenden, eine schlanke Dame mit feinem, weißgrauem Haar und ebenso feiner Bluse, legt der Dunkelhaarigen sacht die Hand auf den Unterarm.

Die Fassade zeigt Zeichen von altem Reichtum und neuer Armut. Überall blättert der Putz, das Mauerwerk liegt bloß, aber die weite Eingangstür ist mehrflügelig und als Bogen modelliert, der Portikus trägt eine herrschaftliche Terrasse, und die ebenfalls von Bögen gekrönten Fenster sind mit speziellen, nach außen wie Seifenblasen gewölbten Scheiben versehen. Seitlich sieht man einen zarten Efeu, der gerade begonnen hat, seine Ranken um ein Kapitell zu winden. Im Mauerwerk haftet ein Eisenring.

Es sind, genau gesagt, zwei Fotos – oder, noch genauer, zwei Abzüge desselben Bildes. Beide liegen zwischen Kaffeegeschirr auf dem Wohnzimmertisch, in beiden Wohnzimmern hat man zu erzählen begonnen. Und doch liegen zwischen ihnen fast 900 Kilometer oder dreizehn Stunden Autofahrt – die Distanz zwischen der deutschen Stadt Soest in Westfalen und dem polnischen Dörfchen Lublewo in der Wojewodschaft Pomorze an der Ostseeküste.

Jeder Abzug hat seine Geschichte. Abzug eins dreht sich gerade in Lublewo in den Händen einer freundlichen Großmutter mit straff gebundenem dunklen Haar hin und her. Der Ehemann gleich neben ihr hat kurz innegehalten, dann hat er zu reden begonnen. Seine Geschichte beginnt im Feuer.

Ein Kind, ein Junge, rennt auf die Straße, und wie er rennt, merkt er zu spät, dass alles an ihm brennt: Kleider,

Hände, Haare. Ein Mann stürzt auf ihn zu – der Vater. Er löscht sein schreiendes Kind im Wasser einer Pfütze, dann verschwindet er, denn die Deutschen ziehen durchs Dorf.

Der Erzähler ist Winicjusz Natoniewski, der Verbrannte. Der Tag von dem er redet, ist Mariä Lichtmess, das Dorf ist Szczecyn bei Borów, am Fuß der Kamienna Góra. Die Frau auf dem Foto, die freundliche Großmutter mit dem straffen dunklen Haar, ist dasselbe junge Ding, das damals vor vier Jahrzehnten im Fernsehraum immer bei ihm saß, und das dann, als man es fragte, warum es einen Entstellten nehme, nur sagen konnte, es komme halt nicht „auf den ersten Eindruck" an.

Nach dem Brand von Szczecyn war Natoniewski nach Norden gezogen, ins ehemals deutsche Pommern an der Küste, in Polens „gewonnene Gebiete". In den Siebzigern, als seine Verbrennungen geheilt waren, übernahm er eine Führungsposition in der Kolchose Lublewo, dem alten Groß Lüblow im Kreis Lauenburg. Damals ist es geschehen, dass er, der im Feuer der Deutschen Verbrannte, in dieses alte deutsche Gutshaus zog – und so lang ist das unterdessen wieder her, dass mittlerweile schon die ersten Enkelkinder da sind.

Die Fotografie in den Händen der Frau lässt noch erahnen, wie herrschaftlich es zu deutschen Zeiten hier zuging: Eine Freitreppe ist da zu sehen, Kapitelle schmücken den Portikus, und in den Bogenfenstern wölben sich handgemachte Scheiben. Heute ist von der alten Gediegenheit nicht mehr viel zu erkennen. Die Not der Zeit ließ keinen Raum für aristokratische Lebensart, und so hat man die Empfangshallen, die Teesalons und Paradetreppen in Einzelwohnungen aufgeteilt. Der Krieg war gerade erst vorbei, Städte und Dörfer lagen in Asche, und so sind eben vier Familien eingezogen, wo früher eine wohnte.

Jetzt sitzt Natoniewski vor seinem Laminatschrank aus sozialistischer Zeit, das Enkelkind auf dem Schoß. Sein Sohn und die Schwiegertochter sind noch bei der Arbeit. Das ganze Land ist bei der Arbeit in diesen Zeiten, die neue Küche, der neue Mittelklassewagen, vielleicht der erste Flug zu den Stränden Tunesiens oder Zyperns wollen bezahlt sein. Vier Jahrzehnte sind nachzuholen, und so haben die jungen Leute den Kleinen eben zu den Großeltern gebracht.

Der Kleine hat lange stillgehalten, während der Alte erzählte, eine Stunde vielleicht, vielleicht auch mehr. Dann ist er unruhig geworden, hat seinen Bobby-Car über die Bohlen gerollt, hat in der Ecke rumort und gequiekt, bis endlich der Opa kam, sich niederbeugte, ihm lang und leise ins Ohr flüsterte, ihn schließlich hochnahm, auf den Schoß, an den Tisch, wo ich saß und zusah. Jetzt ist das Kind wieder still, giggelt noch einmal ein wenig, dann geht die Geschichte weiter, und wir tauchen wieder ein, zurück in den Rauch von fünf brennenden Dörfern.

NEUNHUNDERT KILOMETER weiter westlich liegt Abzug Nummer zwei auf dem Tisch. Eine schlanke alte Dame mit feinem weißgrauem Haar und ebenso feiner Bluse hat ihn genau wie jene andere Dame in Lublewo zwischen Tassen und Kuchenteller gelegt. Das Zimmer ist nicht groß. Das Haus der alten Dame ist einer jener schnell und millionenfach gebauten, zweckmäßig-nüchternen deutschen Vorstadtquader ohne Dekor und Gesicht, mit denen die Nachkriegszeit einem ausgebombten Volk die ersten Dächer über die Köpfe gab. Innen allerdings zeugt eine altmeisterliche Madonna an der Wand, gediegenes Geschirr und Biedermeier-Mobiliar von alter Schule und glanzvoller Erinnerung.

Auch die Geschichte dieses zweiten Abzuges beginnt im Feuer. Es sind die ersten Märztage 1945. Von Osten her hat die Rote Armee auf ihrem Vormarsch nach Berlin Pommern erreicht, deutsches Reichsgebiet. Städte und Dörfer brennen, sowjetische Soldaten stürmen von Haus zu Haus. Der Hass eines langen Krieges entlädt sich, die Truppe plündert, mordet, vergewaltigt. Pfarrer Barckow aus der Kreisstadt Lauenburg, nur 32 Kilometer von jenem Gutshaus mit den Bogenfenstern entfernt, gibt später zu Protokoll, „bis zu 45" Männer hätten jeweils eine einzige deutsche Frau vergewaltigt – „wer nicht folge leistete, wurde erschossen." Dabei hätten die russischen Soldaten immer wieder gerufen, die Deutschen hätten ihre Frauen und Schwestern in Russland noch viel schlimmer behandelt – „wohl gar mit Benzin begossen und verbrannt". Aus einem Haus schallten Schreie, und ein Bauer sagte: „Hören Sie? Sie haben meine dreizehnjährige Tochter heute morgen schon zum fünften Male vor." Der Bericht ist heute in der Dokumentation „Die Vertreibung der Deutschen aus den Gebieten östlich der Oder-Neiße" nachzulesen, die das Bundesministerium für Vertriebene in den fünfziger Jahren herausgegeben hat.

Etwa zur gleichen Zeit, zu der Pfarrer Barckow aus der Kreisstadt flieht, erreicht jenseits der Äcker ein Trupp sowjetischer Soldaten den mit geometrisch gestutzten Eiben, mit Buchsbaum und einem Blumenrondell geschmückten Vorgarten des Gutshofes Groß Lüblow. Die Herrin des Anwesens, Viktoria Senfft von Pilsach, eine schlanke junge Frau aus protestantisch-konservativer Familie mit feinem, hellem Haar, hat Vorsorge getroffen. Ihr Mann ist im Krieg, und so hat sie sich mit ihren drei Kindern in die Obhut des Kutschers Göring begeben. Die Leute auf dem Anwesen wissen von den Vergewaltigungen, sie wissen auch, dass „die Russen" alle Gutsherren, die ihnen in die Hände fallen, Männer und Frauen, sofort erschießen. Wie also sich retten? In seiner Hilflosigkeit schiebt der Kutscher einen Schrank vor die Schlafzimmertür, versteckt die Herrin, ihre Kinder und seine eigenen Töchter dahinter – und siehe da, der Kunstgriff wirkt.

Nicht, dass Groß Lüblow unversehrt geblieben wäre. Die Eroberer drangen ins Haus ein, durchwühlten Schränke, Kisten, Laden, warfen Möbel und Koffer über den rückwärtigen Balkon in den Park, wo eine schattige Fichtenallee zu einer Lichtung ging, in der an stilleren Tagen eine alte Linde zur Mittagsrast lud.

Dann aber sind die Russen weitergezogen, und während die benachbarten Gutsherren, die Zitzewitzen in Klein Lüblow, oder die Braunschweigs, ums Leben kamen, während der Besitzer von Krahnshof, ein stämmiger Mann mit einer prächtigen Uhrkette über der Weste, sich von den Nachbarn verabschiedete, Handschuhe anlegte, hinters Haus ging und sich erschoss, während der Förster Adolf Müller von Unter-Bismarck dem Waldarbeiter noch einen Spaten für das Grab in die Hand drückt, bevor er seine Frau, seine Tochter Lotte und sich selber tötete, während ein paar Kilometer weiter, in Groß Damerkow gleich bei der Kreisstadt, nach später veröffentlichten Zeugenberichten ein russischer Soldat die junge Käte H. mit dem Finger zu sich winkte, und als die nicht gleich kam, langsam zu ihr hinging, ihr die Maschinenpistole ans Kinn hielt und vor den Augen der Familie abdrückte, hat Viktoria von Senfft mit ihren drei Kindern überlebt. Die ukrainischen Zwangsarbeiter, von denen auch dieser Hof voll war, hielten still; nicht einmal die Kleider der Herrschaft wollten sie nehmen, als die Eroberer den Inhalt der Schränke in die Halle warfen. Nur einmal hat ein russischer Soldat der jungen Hausfrau den Ring vom Finger gerissen, und als ein anderer sie einmal mit vorgehaltener Waffe bedrängte, hat sie ihm ihr kleinstes Kind gezeigt, worauf er von ihr abließ.

Es hat dann noch bis zum Oktober 1945 gedauert, bis sie vom Gutshaus mit den gewölbten Scheiben – ein Kunstgriff, um mehr Licht ins Innere zu leiten – endgültig Abschied nehmen musste. Die Russen waren weitergezogen, in die letzten furchtbaren Schlachten, zu den Seelower Höhen, nach Halbe in der Mark, in den Endkampf um Berlin; die ersten Polen erschienen, erst einzelne Abenteurer und Plünderer, dann ganze Familien, Frauen, Kinder, Großeltern – Vertriebene aus dem gerade von der Sowjetunion annektierten polnischen Osten.

Polen wurde gerade damals auf Ratschluss der Alliierten auf der Landkarte westwärts verschoben wie ein altes Möbelstück. Wer im Osten wohnte, musste gehen, in Trecks und Güterzügen, mit Säcken und Kisten, Kühen und Schweinen, Kindern und Großeltern in die Häuser des Feindes im Westen. Am Kopf und am Ende des Zuges hatte je ein Rotarmist das Maschinengewehr aufgepflanzt, und als nach Tagen des Transports irgendwo im fremden Land der Befehl zum Aussteigen kam, wuchs auf den Feldern noch das Korn der Deutschen, und in den Küchen waren noch die Öfen warm. Zu Viktoria Senfft von Pilsach, der jungen Hausfrau von Groß Lüblow, nunmehr Lublewo, aber sagte am Abend des 14. Oktober 1945 der neu eingesetzte polnische Gutsverwalter, ein gebildeter Mann, mit dem sie französisch sprach, es seien Befehle ergangen: Der Transport gehe am nächsten Morgen um fünf. Sagte es, gab der Abreisenden noch ein Stück Fleisch, erhielt dafür aus den gutsherrlichen Beständen ein paar Windeln für seine Kinder, und tags darauf, morgens im Regen, zog der Leiterwagen Richtung Westen.

Es ist Viktoria Senfft von Pilsach dann gegangen wie Millionen anderen – Polen, Deutschen, Ukrainern, die damals ihre Dörfer und Städte verlassen mussten. Sie warf noch einen Blick auf das Herrenhaus, auf dessen wohlverputzter Fassade damals noch keine Spur von Efeu zu sehen war, dann ging es im Leiterwagen zur Kreisstadt, und von dort in einem D-Zug ohne Fensterscheiben über Stettin-Scheune Richtung Berlin. Den Kindern hatte sie aus Batistservietten je einen kleinen Rucksack genäht, mit Brot und Wildbirnen zum Nuckeln für den Fall, dass die Familie getrennt würde. Unterwegs, wenn der Zug wieder endlos in der Kälte hielt, scharrten die Frauen auf den Feldern nach Kartoffeln, bis die Lok wieder pfiff und alles wieder zum Wagen rannte, um nicht zurückzubleiben. Die Kinder lagen am Boden auf dem Gepäck, und als es nach Tagen dann doch etwas Richtiges zu essen gab, zahlte es sich aus, dass die Gutsherrin ihnen je ein silbernes Biskuitschälchen in die Rucksäcke gepackt hatte – als Geschirr für die Suppe war es so gut wie irgendein Blechnapf.

In der Bundesrepublik hat die Familie dann, wie so viele Vertriebene, ganz von unten begonnen. Der Ehemann, der den Krieg glücklich überlebt und es in einem der letzten Evakuierungsschiffe von der Danziger Bucht nach Westen geschafft hatte, der ehemalige Gutsherr Rüdiger Senfft von Pilsach, wurde erst Waldarbeiter, dann Lastwagenfahrer, schließlich Angestellter des Roten Kreuzes in Soest. Viktoria Senfft von Pilsach aber bewohnt heute vierundneunzigjährig ein winziges Haus in einer Nachkriegssiedlung am Rand der Stadt. Die Fassade ist schmucklos und unerbittlich sachlich, wie alle Fassaden dieser Nachbarschaft, wie all diese Fassaden der deutschen Wiederaufbauzeit, die mit ihren Isolierfenstern und verschlossenen Garagenfronten lieber in Ausdruckslosigkeit ersticken, als auch nur einen Hauch von Erinnerung anzudeuten, den geringsten Anklang all der unerzählten Geschichten, die hinter Resopaltüren auf Vergessen hoffen. Hinter dieser Fassade aber haben die geretteten Biskuitschalen ihren Platz beim Familiensilber gefunden. Die Servietten, die zwischendurch einmal Rucksäckchen waren, sind wieder aufgetrennt, gebügelt und gefaltet, und im Flur prangt in Sepia die ausdrucksvolle Front des Gutshauses Groß Lüblow.

UND DAS Bild mit den Menschen auf der Freitreppe? Das Foto mit den zwei Abzügen, jeder auf seinem Kaffeetisch, einer in der Wojewodschaft Pommern, der andere im Bundesland Nordrhein-Westfalen? Die Aufnahme mit der schlanken Frau in der Mitte und der dunkelhaarigen daneben? – Das Unwahrscheinliche ist geschehen: Die beiden Wege, die vor sechseinhalb Jahrzehnten in zwei zerfallenden Welten begannen, haben sich irgendwann überschnitten, der verbrannte Bauernjunge aus Szczecyn mit seiner Frau und die Aristokratin von Groß Lüblow haben sich eines Tages gegenübergestanden.

Die Senffts hatten schon in den siebziger Jahren das alte Haus in Pommern wieder besucht; der letzte Gutsherr, Viktorias Mann, der zwischendurch Lastwagen gefahren hatte, war mit den polnischen Bewohnern durch die Scheunen gegangen, hatte von Bauer zu Bauer mit ihnen geredet, den Fruchtwechsel und die Viehhaltung erörtert, und sich gefreut, dass auf seinen Feldern wieder Roggen wuchs. Sein Ältester, der mit dabei war, mittlerweile Bankdirektor in Frankfurt am Main, hörte die Geschichten vom „Schweinemajor", der einst die gutsherrlichen Sauen befehligte, vom „Schweizer", der die Rinder unter sich hatte, von den Fuhrwerken mit der Aufschrift „Gutsbetrieb Groß Lüblow", von den französischen und ukrainischen Zwangsarbeitern, die im Speicher wohnten, sowie vom Jagdhund Thyras. Weitere Fahrten, diesmal auch mit der Mutter, folgten, und bei einer dieser Gelegenheiten ist es so weit gekommen, dass Deutsche und Polen gemeinsam „Die Uhr" von Loewe sangen.

Nach einem dieser Besuche ist dann dieses Foto entstanden, dessen identische Abzüge heute knapp neunhundert Kilometer auseinander in ihren Alben liegen. Ist man sich nahe gekommen, hat man gar Freundschaft geschlossen? Das wäre zu viel gesagt; aber die polnischen Gastgeber, der Verbrannte und die Frau mit dem straff gebundenen dunklen Haar, haben ihre Gäste ins Haus gebeten, und sie haben Kaffee gekocht. Viktoria von Senfft ist durch die mittlerweile kahle Eingangshalle, wo früher die Decken für die Kutschfahrten lagen und der Gewehrschrank stand, ins Wohnzimmer getreten, hat versichert, dass sie keineswegs plane, ihr altes Eigentum durch Prozesse zurückzuholen, und sie hat das freundliche Angebot der Gastgeber, doch über Nacht in ihrem alten Schlafzimmer zu bleiben, ebenso freundlich ausgeschlagen. Die Tochter der Natoniewskis spielte Klavier, was beiden Müttern in lebhafter Erinnerung geblieben ist, und zum Abschiedsfoto hat Viktoria Senfft von Pilsach Frau Natoniewska sacht die Hand auf den Unterarm gelegt.

Zwei Kaffeetische werden abgeräumt, ich verabschiede mich. In Soest klappt Viktoria von Senfft das Album zu, und in Lublewo ist der Kleine auf dem Schoß wieder zapplig geworden. Sein Vater, Natoniewskis Sohn, ist in Gdynia, dem alten Gdingen, zur Feuerwehr gegangen, kaum dass er erwachsen war (der Verbrannte lächelt, während wir davon sprechen, als wisse er um die Ironie dieser Berufswahl); seine Frau, die Schwiegertochter, verspätet sich wohl mit dem Abholen, und das Enkelkind wippt auf den Knien des Großvaters hoch und nieder. Die Finger grabschen über den Kuchenteller, dann rutschen sie hoch in das vernarbte Gesicht, patschen vergnügt über die eingeschrumpften Lippen, den Rest des Ohrs. Natoniewski wiegt die Knie und lässt das Kind wippen. Der Kleine quiekt, hüpft noch einmal, dann hebt er den Kopf, blickt hoch zur vernarbten Maske über ihm, hält inne – und giggelt als wär' nichts.

VON DER Straße aus ist das Gutshaus der Senffts heute hinter den mächtigen Bäumen des Gartens, den kleinen gestutzten Eiben von einst, kaum mehr zu erkennen. Hinten, im früheren Park mit der Linde, liegen Gemüsebeete, ein Teil der Fichtenallee ist gefällt, die schattige Zufahrt betoniert. Das große

Haus mit den Bogentüren verfällt. Aus den Dachrinnen wachsen Birken, und der Efeu, der auf jenem Foto noch als schlanke Staude zur Terrasse hochklettert, zerfrisst mittlerweile als üppiger Teppich Fassade und Traufe. Winicjusz Natoniewski und seine Frau werden wohl demnächst ausziehen, dann übernimmt vielleicht irgendein Investor das Anwesen. Von den zwei Wegen, die im Feuer begannen, um sich auf dieser Freitreppe zu kreuzen, wird dann hier niemand mehr wissen. Eines aber ist mittlerweile geklärt, zwischen Hausfrau und Hausfrau: der Zweck jenes Eisenrings draußen am Mauerwerk, den Frau Natoniewska, die Großmutter mit dem straffen Haar, sich durch all die Jahre nie erklären konnte. Sie hat gefragt, und sie hat es erfahren: Der Ring war für Thyras, den Jagdhund.

Simplicissimus

DIE JAHRHUNDERTE hinab … Und wieder schaut ein Kind durch die Blätter, verängstigt, geduckt, vom Wald hinaus auf ein brennendes Dorf. Gut dreihundert Jahre haben wir rückwärts gezählt von jener Lichtmess in Borów, vielleicht tausend Kilometer sind wir westlich gezogen. Es ist eine abgelegene, urtümliche Gegend: Wälder, Wildnis, nur ab und zu ein Gehöft oder ein Weiler – Deutschland, der Spessart um das Jahr 1630.

Der Junge versteht nicht, was passiert. Der Tag hat begonnen wie immer, er hat sich um die Schafe gekümmert, aber plötzlich sind Reiter da, Männer mit Brustpanzern und Gewehren, „ein Trupp Courassierer" wie der Junge später aufschreiben wird. In Minuten verwandelt sich das ärmliche Idyll in ein Pandämonium von „Untergang und Verderben". Fenster klirren, Teller, Töpfe, Ofenkacheln splittern, Holz kracht. Aus Küchen und Ställen, aus Scheunen und Schuppen dringt

Gebrüll von Männern, Frauen, Tieren. „Bub, lauf weg", schreit jemand, die Magd wohl, die schon halbtot im Stall liegt – und der Junge läuft, dem Wald zu, aus irgend einem alten Instinkt, genau wie später die junge Stanisława zum Wald lief. Die Nacht kommt, der nächste Morgen ist da, und ein Kind schaut aus dem Gehölz, dorthin wo es bis gestern noch zu Hause war: „Ich sahe meines Knäns (des Vaters) Haus in voller Flamme stehen, aber niemand, der zu löschen begehrte."

Eine deutsche Befriedung, drei Jahrhunderte vor Borów – beschrieben im „Simplicius Simplicissimus", Hans Jakob Christoffel von Grimmelshausens große Verzweiflungs- und Erlösungsdichtung aus dem Dreißigjährigen Krieg. Wie die Muster sich gleichen: Soldaten ziehen von Haus zu Haus, Flammen schlagen aus den Fenstern, Bauern, Mägde, der Pfarrer liegen im Blut. Ein Kind rennt durch den Qualm, sucht den Vater – da donnert eine fremde eine Stimme: Halt! Stehen bleiben! – „oder skallmy de Tüfel halen, ich schiete dick, dat di de Dampf thom Hals ut gaht". Der Junge erstarrt, rührt sich nicht, sieht, wie der Soldat den „Carabiner" hebt, anlegt, zielt – feuert.

Der „Bub", Grimmelshausens fabulierendes Alter Ego, ist damals gerade noch so mit dem Leben davongekommen. Der Schuss geht fehl, die Soldaten ziehen weiter, und der Knabe Simplicissimus findet, zum Mann gereift, am Ende des Lebens Gelegenheit, über den Sinn dieses entsetzlichen Geschehens zu meditieren: die Katastrophe im Morgengrauen der Kindheit war nichts Geringeres als der Beginn eines biographischen Klärungsprozesses hin zur Einsicht in das Walten Gottes – das ist das unbegreiflich optimistische Fazit des Alten, der auf das Kind zurückblickt, das damals durch die Bäume spähte: „Aber der Allerhöchste sahe meine Unschuld mit barmherzigen Augen an und wollte mich beides zu seiner und meiner Erkenntnus bringen".

So weit Simplicius Simplicissimus, das gläubige Kind des „teutschen Krieges". Was aber war wirklich geschehen, als das Dorf brannte?

OCH WEITER hinab ... Elias Canetti überliefert in seinem großen Essay „Masse und Macht" einen Bericht vom Krieg der *Taulipang* gegen die *Pischauko*:

„Anfangs war Freundschaft zwischen Taulipang und Pischauko. Dann kamen sie in Streit wegen der Weiber. Zuerst ermordeten die Pischauko einzelne Taulipang, die sie im Walde überfielen. Dann töteten sie einen jungen Taulipang und eine Frau, dann drei Taulipang im Walde. So wollten die Pischauko nach und nach mit dem ganzen Stamme der Taulipang aufräumen.

Da rief Manikuza, der Kriegshäuptling der Taulipang, alle seine Leute zusammen. Die Taulipang hatten drei Führer: Manikuza, den Oberhäuptling, und zwei Unterhäuptlinge, von denen der eine ein kleiner, dicker, aber sehr tapferer Mann war, der andere war sein Bruder. Dann war noch der alte Häuptling, der Vater von Manikuza, dabei. Unter seinen Leuten war auch ein kleiner, sehr tapferer Mann vom Nachbarstamme der Arekuna. Manikuza ließ gegorene Masse von Kaschiri bereiten, fünf große Kürbisflaschen voll. Dann ließ er sechs Kähne herrichten. Die Pischauko wohnten im Gebirge. Die Taulipang nahmen zwei Frauen mit, die Feuer in die Häuser legen sollten. Sie fuhren hin, ich weiß nicht mehr auf welchem Fluss. Sie aßen nichts, keinen Pfeffer, keine größeren Fische, keine Jagdtiere, nur kleine Fische, bis der Krieg beendet wäre. Sie nahmen auch Farbe und weißen Ton zum Bemalen mit.

Sie kamen nahe an den Wohnsitz der Pischauko. Manikuza schickte fünf Männer nach dem Hause der Pischauko, um auszukundschaften, ob alle dort seien. Alle waren dort.

Es war ein großes Haus mit sehr vielen Leuten, umgeben von einem runden Palisadenzaun. Die Kundschafter kamen zurück und meldeten dies dem Häuptling. Da bebliesen der Alte und die drei Häuptlinge die gegorene Masse von Kaschiri. Sie bebliesen auch die Farbe und den weißen Ton und die Kriegskeulen. Die Alten hatten nur Bögen und Pfeile mit Eisenspitzen, keine Feuerwaffen. Die anderen hatten Flinten und Schrot. Jeder hatte einen Sack Schrot und sechs Büchsen Pulver bei sich. Auch alle diese Sachen wurden beblasen. Dann bemalten sie sich mit roten und weißen Streifen: von der Stirne an beginnend, einen roten Streifen oben und einen weißen Streifen unten, über das ganze Gesicht. Auf die Brust malten sie je drei Streifen, abwechselnd oben rot und unten weiß, ebenso auf die beiden Oberarme, damit sich die Krieger untereinander erkennen konnten. Auch die Frauen bemalten sich so. Dann befahl Manikuza, Wasser in die Kaschiri-Masse zu schütten.

Die Kundschafter sagten, es seien sehr viele Leute in den Häusern. Es war ein sehr großes Haus und drei kleinere weiter abseits. Die Pischauko waren viel mehr Leute als die Taulipang, die nur fünfzehn Mann waren, außer dem einen Arekuna. Dann tranken sie Kaschiri, jeder eine Kalebasse voll, viel Kaschiri, um sich tapfer zu machen. Darauf sagte Manikuza: „Dieser hier schießt zuerst! Während er seine Flinte wieder lädt, schießt der andere. Einer nach dem anderen. Er verteilte seine Leute in drei Abteilungen zu je fünf Mann im weiten Umkreis um das Haus. Er sagte: Gebt keinen unnützen Schuss ab! Wenn ein Mann fällt, lasst ihn liegen und schießt auf den, der noch steht!"

Dann gingen sie in drei Abteilungen getrennt vor; die Frauen hinter ihnen mit den Kürbisflaschen voll Getränk. Sie kamen an die Grenze der Savanne. Da sagte Manikuza: Was sollen wir nun machen? Es sind sehr viele Leute. Vielleicht kehren wir am besten um und holen uns mehr Leute!" Da sagte der Arekuna: „Nein! Vorwärts! Wenn ich eindringe mitten unter viele Leute, finde ich niemand zu töten!" (Soll heißen: Diese vielen Leute reichen noch nicht aus für meine Keule, da ich sehr rasch töte.) Manikuza antwortete: „Vorwärts! Vorwärts! Vorwärts!" Er forderte alle auf. Sie kamen nahe an das Haus. Es war Nacht. In dem Haus war ein Zauberarzt, der gerade eine Kranken beblies. Dieser sagte: „Es kommen Leute!" und warnte so die Bewohner des Hauses. Das sagte der Herr des Hauses, der Häuptling der Pischauko: „Lass sie kommen! Ich weiß, wer es ist! Es ist Manikuza! Aber er wird von hier nicht zurückkehren!" Der Zauberarzt warnte weiter und sagte: „Die Leute sind schon da!" Da sagte der Häuptling: „Es ist Manikuza! Er wird nicht zurückkehren! Er wird sein Leben hier beschließen!"

Da schnitt Manikuza die Liane durch, mit der die Palisaden zusammengebunden waren. Da drangen die beiden Frauen ein und legten Feuer an das Haus, die eine am Eingang, die andere am Ausgang. Es waren sehr viele Leute in dem Haus. Dann zogen sich beide Frauen wieder außerhalb des Palisadenzaunes zurück. Das Feuer ergriff das Haus. Ein Alter kletterte hinauf, um das Feuer zu löschen. Da kamen viele Leute aus dem Haus, sie schossen viel mit ihren Flinten, aber ohne Ziel, da sie niemand sahen; nur um die Feinde zu schrecken. Der alte Häuptling der Taulipang wollte einen Pischauko mit dem Pfeil abschießen, aber er verfehlte ihn. Der Pischauko war in seinem Erdloch. Als der Alte den zweiten Pfeil auflegte, schoss ihn der Pischauko mit der Flinte nieder. Manikuza sah, dass sein Vater tot war. Da schossen die Krieger viel. Sie hatten das ganze Haus umstellt, und die Pischauko hatten keinen Ausweg, wohin sie fliehen sollten.

Da drang ein Taulipang-Krieger namens Ewama ein. Hinter ihm kam der eine Unterhäuptling; hinter ihm sein Bruder;

hinter ihm Manikuza, der Kriegshäuptling; hinter ihm Arekuna. Die Übrigen blieben draußen, um die Pischauko zu töten, die entweichen wollten. Die anderen fünf drangen mitten unter die Feinde ein und schlugen sie mit ihren Keulen nieder. Die Pischauko schossen auf sie, trafen aber niemand. Da tötete Manikuza den Häuptling der Pischauko. Der Unterhäuptling tötete den Unterhäuptling der Pischauko. Sein Bruder und der Arekuna töteten sehr rasch und viele. Es flohen nur zwei Jungfrauen, die noch am oberen Flusslauf leben, verheiratet mit Taulipang. Die anderen wurden alle getötet. Dann steckten sie das Haus in Brand. Die Kinder weinten. Darauf warfen sie alle Kinder in das Feuer. Mitten unter den Toten war ein Pischauko leben geblieben. Er hatte sich ganz mit Blut beschmiert und sich zwischen die Toten gelegt, um die Feinde glauben zu machen, er sei tot. Da ergriffen die Taulipang einen nach dem anderen der gefallenen Pischauko und hieben sie mit dem Waldmesser mittendurch in zwei Stücke. Sie fanden den Mann lebend und ergriffen und töteten ihn. Dann nahmen sie den gefallenen Häuptling der Pischauko, banden ihn mit erhobenen, ausgestreckten Armen an einen Baum und schossen so lange mit dem Rest ihrer Munition auf ihn, bis er in Stücke zerfiel. Darauf ergriffen sie eine tote Frau. Manikuza zog ihr mit den Fingern das Geschlechtsteil auseinander und sagte zu Ewama: „Sieh hier, das ist gut zum Eindringen für dich!" –

Soweit der Bericht vom Kriegszug der Taulipang. Canetti berichtet dann noch, wie es nach der Vollendung des Massakers weitergegangen ist: „Die übrigen Pischauko, die noch in den drei anderen kleineren Häusern waren, flohen auseinander und verteilten sich auf die Gebirge der Gegend. Dort leben sie noch heute, Todfeinde der anderen Stämme und heimliche Mörder, die es besonders auf die Tulipang abgesehen haben.

Ihren alten Häuptling, der gefallen war, begruben die Taulipang am Platz. ... Dann kehrten sie nach Hause zurück und riefen: „Hei-hei-hei-hei-hei!" Zu Hause fanden sie die Bänkchen schon für sich zurechtgemacht."

SIND DAS die Unseren, die hier heimkehren? Klingt im „Hei-hei-hei-hei-hei" der Pischauko das „Führer, befiehl" der deutschen Infanterie schon an? Erkennen wir uns wieder im Kriegszug der Taulipang gegen die Pischauko, als Menschen, als Deutsche?

Die Geschichte vom Untergang eines Dorfes ist so alt wie das Geschichtenerzählen selbst. Die kurze Erzählung vom Totalmord, vom restlosen Töten, steht immer wieder am Anfang der kollektiven Erinnerungen. Der Fall der Mauern von Jericho durch Josuas berühmten Posaunenstoß mit dem anschließenden Massaker an „Mann und Weib, jung und alt, Ochsen, Schafen und Eseln" ist eine der frühesten Erinnerungen dieser Art. Das verstörende an diesen Geschichten ist, dass hier das totale Töten oft in einer mythischen Aureole erscheint, als Gebot von oben mit allen Beigaben des Müssens, als etwas, das kein Zögern und keinen Ungehorsam erlaubt: „Schone ihrer nicht, sondern töte Mann und Weib, Kinder und Säuglinge, Ochsen und Schafe, Kamele und Esel" – Dem Gott Jahwe selbst schreibt das Alte Testament diese Worte zu, verkündet vor dem Feldzug König Sauls gegen die Amalekiter. Als Saul nach dem Sieg das Gebot nur saumselig erfüllt, indem er zwar gehorsam „Mann und Weib" ermordet, das Vieh aber am Leben lässt, verflucht ihn Gott, und nicht einmal Sauls Entschuldigung, man habe die Tiere verschont, um sie dem Herrn opfern zu können, kann den Höchsten besänftigen: „Siehe, Gehorsam ist besser denn Opfer und Aufmerken besser denn das Fett von Widdern", donnert es von oben, und Saul, der nicht grausam genug war, trägt fortan die Zeichen des Zorns.

Was also geschieht hier? Was ist es, was den Mördern die Überzeugung gibt, das totale, restlose Ausrotten sei nicht nur nicht untersagt, sondern sogar von höchster Stelle geboten? Vielleicht gibt der Zug der Taulipang ein paar Hinweise. Bei der Ausrottung der Pischauko fällt auf, dass beide Parteien Bluts- und Kultverbände zugleich sind. Die beiden Häuptlinge der Taulipang sind Vater und Sohn, die Unterhäuptlinge sind Brüder. Bei beiden Stämmen wird gemeinsam gegessen und getrunken, man wohnt zusammen, und wenn der Zauberarzt einen Kranken behandelt, sind alle da. Auch das kultische „Beblasen" der Waffen findet im familiären Rahmen statt. Die Identifikation mit dem Stamm, der zugleich Familie ist, geht sehr weit – und sie ist unentrinnbar. Wer so eng mit seiner Gemeinschaft verwachsen ist, hat keine Wahl, als ihr in Gut und Böse immer anzugehören.

Eine so überwältigendes „Wir" bedeutet zugleich, dass der Trennstrich zu den „Anderen" überaus scharf ist. Der „Andere" gehört auf radikale Weise nicht zu „uns"; er ist als der „Andere" geboren, ohne Chance, je dazuzugehören. Das heißt zugleich, dass im Fall des Konflikts kein Kompromiss möglich ist, und auch keine individuelle Unterscheidung. Bricht zwischen zwei solchen Gruppen Feindschaft aus, tendiert sie dazu, total zu sein: sie umfasst jedes Mitglied der „Unseren" wie der „Anderen", keiner der Feinde darf überleben. Den Taulipang war es vor ihrem Angriff wichtig, sich zu vergewissern, dass von den Gegnern tatsächlich auch „alle da sind". Denn wer überlebt, wird den Rest seines Lebens eine Gefahr bleiben, ein „heimlicher Mörder" wie jene entkommenen Pischauko, die nach dem Massaker in die Gebirge flohen.

Die alten Muster sind seither immer wieder gekommen. Dass Josua bei Jericho nicht nur morden *durfte*, dass er es vielmehr *musste*, weil das als Bluts- und Kultgemeinschaft verstandene „Wir" das so verlangte, dieses Argument hat zu allen

Zeiten Menschen verführt – und zwar umso mehr, je deutlicher das „Wir" gegen „die Anderen" durch Ideologie, Glaube, Rasse, familiäre Bindung, und zuletzt durch den Krieg selbst hervortrat.

Wie sehr selbst moderne Nationen immer wieder von der scheinbaren Stichhaltigkeit der Argumente für den totalen Mord geblendet werden, hat das Massaker von My Lai gezeigt, als Soldaten der 11. amerikanischen Brigade am 16. März 1968 in einem vietnamesischen Dorf 149 Männer, 172 Kinder und 182 Frauen vergewaltigten und ermordeten. Die Opfer entsprachen damals genau jenem Muster, dass zum Massenmord verführt: sie waren als Asiaten anderen „Blutes", und sie galten zugleich als „Kommunisten" – gewissermaßen als Anhänger eines anderen Kults. Wie im alten Testament töteten die Täter denn auch nicht nur alle Menschen, derer sie habhaft werden konnten, sondern auch die Tiere von My Lai.

Die amerikanische Nation hat damals für einen Augenblick den Tiefstpunkt der Zivilisation berührt; dass sie nicht gedachte, dort zu verbleiben, zeigte sich allerdings noch am selben Tage. Wir wissen heute von einem Soldaten, der sich in den Fuß schoss, um nicht mittun zu müssen, und zuletzt fanden sich sogar drei Männer – die Hubschrauberbesatzung Glenn Andreotta, Lawrence Colburn und Hugh Thomson – die mit vorgehaltener Waffe dem Wüten ihrer Kameraden ein Ende setzten. Die Nachricht vom Verbrechen in My Lai trug schließlich dazu bei, dass Amerika am Sinn des Vietnamkriegs zu zweifeln begann. Andererseits aber wurde der Kommandeur der Mordeinheit, Leutnant William Calley, schon 1974 begnadigt. Ein Richter gab ihm die charakteristische Bemerkung mit in die Freiheit, auch Josua sei schließlich nicht bestraft worden, als er Jericho „befriedete".

„Hei-hei-hei" hatten die Taulipang gerufen, als sie nach verübtem Mord heimkehrten, und zu Hause, bei ihren Frauen, „die Bänkchen schon für sich zurechtgemacht" fanden. Was riefen all die anderen, die seither verbrannte Dörfer hinter sich zurückgelassen haben? Was riefen die Unseren, als sie Borów verließen, ohne Zweifel geordnet und in schön ausgerichteten Marschkolonnen? – Eine große Nation in Mitteleuropa hatte den Tod, den eine Handvoll Buschkrieger noch in Kaschiri-Rausch und wilder Spontaneität über ihre Nachbarn brachte, damals zum „Meister aus Deutschland" gemacht. Der gläubige Optimismus des Buben Simplicissimus, der in der Asche seines Spessarthauses zu fühlen glaubte, wie „der Allerhöchste" ihn „beides zu seiner und meiner Erkenntnus" führte, war wohl verfrüht gewesen.

Über der Orgel

WIR HABEN gar nicht bemerkt, wie das Kind hereingekommen ist. Der Hund hat nicht angeschlagen: das Mädchen gehört zur Familie. Jetzt hat sie sich auf einen Schemel am Herd gesetzt, wo auf der Eisenplatte noch das Mittagessen steht, in Sichtweite der Urgroßmutter, die etwas im Hintergrund in ihrer gepunkteten Schürze unter dem Kruzifix thront. Mucksmäuschenstill sitzt das Kind jetzt da, gleich unter dem Leimstreifen für die Fliegen, sperrt wasserblaue Augen auf und hört – zum ersten Mal? zum zehnten Mal? – die Geschichte des alten Jan Dubrowski:

„Hinter der Orgel führt eine Luke von der Empore in den Dachstuhl der Kirche. Als Stańczak gerufen hatte und alles schrie, floh ich zusammen mit meinem Vater dort hinauf. Während unten im Kirchenschiff und auf den Teppen alles durcheinander rannte, schlossen wir hinter uns den Durchstieg und duckten uns zwischen die Balken.

Wir konnten aus unserem Versteck zwar nicht viel sehen; dennoch kann ich mich erinnern, dass gleich in den ersten

Minuten, nachdem alles ins Freie gestürmt war, die ersten Geschosse die Kirche trafen. Sie detonierten unter uns in der Halle, und wir sahen, wie rechts und links die Granatsplitter von unten die Bretter des Dachbodens durchschlugen. Kurz darauf hörten wir noch, wie jemand in das verlassene Kirchenschiff zurückgerannt kam – Tadeusz Praczyński, der Direktor der Schule. Später haben wir erfahren, dass er sich den Schnurrbart rasiert und Frauenkleider angezogen hatte, damit die Deutschen ihn nicht erschössen. Damals aber konnten wir aus unserem Versteck nur hören, wie jemand in die Kirche lief und offenbar versuchte, sich hinter dem Altar zu verstecken. Kurz darauf waren die Deutschen schon da und holten den Versteckten heraus. Wir hörten drei Schüsse und bewegten uns nicht.

Nachher konnten wir dann nichts mehr unterscheiden. Die Explosionen, das Geschrei, das Knattern der Brände verschluckte jede Wahrnehmung. Wir kauerten uns zwischen die Dachbalken und hielten still, den ganzen Lichtmesstag und die ganze Nacht. Erst als der nächste Morgen kam, sah mein Vater durch ein Loch in einem Brett, dass das Pfarrhaus verbrannt war, und das Dorf mit ihm.

An diesem Tag hörten wir dann diesen Deutschen. Jemand kam in die Kirche, wir nahmen krachende Schläge war, anscheinend versuchte jemand, mit einer Axt die Türe zur Sakristei aufzuschlagen. Dann kam noch jemand hinzu, eine Stimme rief etwas, und das Schlagen hörte auf.

Da ist es dann geschehen, dass wir die Orgel hörten. Als wir in der ersten Panik zur Luke hochgeklettert waren, hatten wir noch mitbekommen, wie es die Organistin traf, die Łubkowa, wenn ich mich recht erinnere, und danach, als es brannte und schoss, hatte die Orgel geschwiegen. Jetzt aber, am Tag darauf, ertönte von unten plötzlich Musik. Das große Instrument füllte den Raum, entfaltete Klang auf Klang, Melodie auf Melodie.

Wir hatten gehört, wie ein Deutscher über die hölzerne Treppe zur Empore hochgestiegen war. Jetzt saß er offenbar direkt unter uns und spielte und spielte, vielleicht eine Stunde lang, vielleicht länger, und die Luft trug die Musik über die Toten hinaus in den Winter. Ich weiß nicht, was es war, die Akkorde waren anders als unsere, aber wir erkannten, dass der Mann sein Geschäft verstand.

Dann hörte er auf und ging. Die Stille kehrte wieder, und mein Vater und ich wagten keine Bewegung. Weitere Stunden vergingen, und als endlich der zweite Abend kam, ertönte von unten der Schrei einer Frau im Kirchenschiff: „Jesus, was für eine Leere!"

Am nächsten Morgen hat der Hunger uns dann aus unserem Versteck getrieben. Wir traten aus der Kirche ins Freie und sahen vor der Türe den toten Pfarrer Skulimowski liegen."

Jan Dubrowski hat konzentriert erzählt, in einem Stück, ohne abzusetzen, und während er sprach, hat sich sein von alten Tiegeln, Schüsseln, Tüchern und Besen erfülltes Wohnzimmer nach und nach belebt. Feliksa Woźna, die traurige Braut, wohnt gleich nebenan; jetzt ist sie auf ihren Krücken herübergekommen, um zuzuhören, und irgendwann war auch Marek da, der lebensfrohe Sohn der Mutter Stanisława, Herr der Wildschweinwürste und des Bratens in Aspik.

Man hört neue Geschichten, man wiederholt die alten. Die Maschine der Erzählungen ist im Gang, der sublime Taktschlag am Förderband der Mythen hat Zungen und Ohren, Herzen und Hirne längst wieder seinem Rhythmus unterworfen. Feliksa Woźna erzählt die Geschichte ihrer blutigen Hochzeit, Dubrowskis Gattin berichtet in ihrer gepunkteten Schürze unter dem Kruzifix von ihrem kleinen Bruder, den sie bei der Zwangsarbeit beinahe erschossen hätten, weil er sich ohne Erlaubnis eine Nuss vom Baum geholt hatte. Das

Mädchen mit den Wasseraugen lauscht, und manchmal rutscht es auf seinem Schemel ein wenig hin und her.

Zuletzt ist der alte Jan Dubrowski dann noch mit kleinen, schlurfenden Schritten zur Anrichte getrippelt, hat in einer Schublade gewühlt, und ein paar Fotos zutage gefördert. Aus einer rissigen Plastiktüte holt er sie hervor, die Menschen des alten Borów: Männer mit kräftigen Schnurrbärten, Frauen im Kopftuch, Dorfpolizisten, Buben mit kahl geschorenen Köpfen. Er selbst ist zu sehen, Jan Dubrowski als junger Mann, nicht fußkrank wie heute, sondern zupackend mit einer Axt in der Hand beim Bau einer neuen Scheune gleich nach dem Krieg. Später, als die Zeiten besser wurden, sah man ihn dann mit Motorsäge bei der Waldarbeit, oder mit Geige beim Aufspielen zu einem Hochzeitstanz. Der Vater, der damals im Kirchendach wie der Sohn mit angehaltenem Atem dem deutschen Orgelspiel lauschte, tritt mit vorwitzig schrägem Hut vor einem Strohdachhaus aus der Tiefe des Vergangenen.

Zuletzt holt Dubrowski noch ein Foto seiner Frau mit Enkelkind und Kätzchen hervor, sowie das Bild einer Begräbnisgesellschaft aus den achtziger Jahren: ernste Menschen in dicken Wintermänteln an einem offenen Sarg. Der Sarg ist ordentlich gezimmert, nicht wie damals im Februar, als man die verkohlten Toten im Schubkarren zum Friedhof fuhr und ihnen allenfalls noch aus Zaunlatten eine Kiste zusammennagelte. Der Bestatter hat mit einer Farbschablone ein Blumenornament auf den Sarg gemalt und dazu die Worte „Wieczny Spoczynek" – ewige Ruhe. Das Leben will seine Formen haben in Borów, seine Ordnung und seine Haltung – und das Sterben auch.

DIE LUKE über der Orgel ist immer noch da. Wenn der Kirchendiener aus dem wieder aufgebauten Glockenturm, dessen Inneres ihm als Rumpelkammer dient, seit die Glocken elektrisch geläutet werden und keine Seile mehr herabhängen, eine

Leiter hervorholt, ist es ein Leichtes, das alte Versteck wieder-
zufinden. Es riecht nach Staub und frischem Holz dort oben,
harzig und intensiv, weil viele der alten Sparren erst vor kurzem
durch neue Fichtenstämme ersetzt worden sind. Die vergoldete
Orgel, ausweislich eines Emailleschildchens über den Registern
1923 gebaut von Stanisław Jagodziński in Radom, ist unversehrt.
Der von einem breiten Holzpedal betriebene Blasebalg, den irgendein unsichtbarer Gehilfe bedient haben muss, als jener
Deutsche für die Toten spielte, hat mittlerweile allerdings ausgedient. Maria Zadło, Lehrerin an der Dorfschule von Borów
(und damit Nachfolgerin jenes Tadeusz Praczyński, der sich
den Schnurrbart rasiert hatte) kann sich erinnern, dass noch in
ihren frühen Jahren das Pedal zum Vergnügen der Kinder wie
eine Schaukel hoch und nieder ging, wenn man es während
des Orgelspiels betätigte – aber das ist längst vorbei, weil mittlerweile ein elektrisches Gebläse die Orgelpfeifen speist. Zwei ältere Schwestern der Lehrerin liegen seit der „Befriedung" übrigens
zusammen mit ihrer Mutter, der ersten Frau ihres Vaters, draußen auf dem Friedhof. Maria Zadło ist nach dem Krieg zur Welt
gekommen, und der Vater hat ihr von den toten Mädchen, seiner
ausgelöschten ersten Familie, erst erzählt, als sie schon erwachsen war – aber das ist eine andere Geschichte.

Das Fest

AM 19. Februar, 17 Tage nach Mariä Lichtmess, erstattete ein
Zugwachtmeister der Schutzpolizei, dessen Name auf den
überlieferten Papieren unlesbar ist, schriftlichen Bericht
über einen Besuch im Arbeitslager Kraśnik, wo er tags davor,
offenbar unangekündigt eintreffend, SS-Unterscharführer Gro-
ger „mit noch etwa sieben Personen bei einer gemütlichen
Feier" überrascht hatte.

Die stille Dame mit den weißen Handschuhen hat den Rapport des Zugwachtmeisters behutsam auf meinen Tisch gelegt – gemeinsam mit all den halbverkohlten Krankschreibungen, Abrechnungen und „Leckerbissen der Kleinkunst", die aus dem Universum der deutschen Besatzung ihren Weg ins „Archiwum Państwowe" gefunden haben. Der Bericht liegt zeitlich zwischen jener Meldung vom zehnten Februar über das desolate Schuhwerk der Wachmannschaft im Lager Kraśnik, und dem Bericht vom 22. Februar über die Ausschmückung des örtlichen SS-Führerheimes.

Will man der kurzen, akkurat auf der Maschine getippten Meldung des Wachtmeisters glauben, ist der Grund für das Fest von Kraśnik selbst für damalige Begriffe ungewöhnlich gewesen: „Gegen 16.00 Uhr", so notiert der Besucher nach Abschluss seiner Erkundigungen, „sind 16 Häftlinge aus dem Lager flüchtig geworden ... Als Gegenmaßnahme sind 21 Angehörige von den Geflohenen erschossen worden. Wer diese Maßnahme durchgeführt hat, ist mir nicht bekannt. Die Nacht verlief ruhig. Am nächsten Morgen habe ich die Erschossenen vergraben lassen." Die Meldung, deren indignierter Ton unübersehbar ist, erwähnt ergänzend die Einschätzung einiger Mitglieder der feiernden SS-Tafelgesellschaft, der Zustand der Wachmannschaft von Kraśnik sei so beklagenswert, dass sie überhaupt nicht „in der Lage" sei, das Lager richtig zu bewachen.

16 geflohene Häftlinge, 21 erschossene Familienangehörige, sieben Mann Gemütlichkeit. – Nachdem am Lichtmesstag jene Signalrakete in den Himmel gestiegen war, und die Deutschen zumindest in einigen Dörfern vom Töten zum Verschleppen übergegangen waren, sind einige der Überlebenden auch hierher, ins Lager Kraśnik gebracht worden. Auch Maria Baran, die sich entwand, als die Mutter ihr damals die Augen zuhielt, ist seinerzeit hierher gekommen. Aber nicht nur die Überleben-

den der fünf Dörfer waren damals möglicherweise hier. Auch einige der Täter von Borów waren vermutlich zugegen. Nach den Aussagen einer Zeugin, die damals in Kraśnik bei der Gestapo Küchenhilfe war, (eine ihrer Vorgängerinnen war wegen „unmoralischen Verhaltens" erschossen worden), hatten jedenfalls die örtlichen ukrainischen Hilfskräfte vor ihr mit der Aktion geprahlt. Diese Zeugin erinnerte sich außerdem, dass die Gestapo-Leute nach dem Angriff mitgeschleppte Beutestücke aus Borów und den anderen Dörfern auf dem Hof verbrannten. Offenbar sollte sich niemand an dem Raubgut persönlich bereichern können, selbst wenn das Schuhwerk der Wachmannschaft zu vorschriftsmäßiger Dienstausübung nicht mehr ganz taugte. Es ging korrekt zu, wenn die deutsche Polizei mordete.

Jener Zugwachtmeister mit der unleserlichen Unterschrift hat vom Lager Kraśnik dennoch keinen guten Eindruck davongetragen. Seinen Bericht an die vorgesetzte Stelle schloss er jedenfalls mit der Bemerkung: „Ich habe den Eindruck gewonnen, dass es dort im Lager drunter und drüber geht."

„Wir sahen eine sehr große Abteilung von Deutschen, die sich in guter Stimmung an mehreren Feuern wärmten, zu deren Unterhalt sie unverbrannte Gebäudeteile heranschleppten." (Eine Zeugin aus Borów, Akten des Instituts für Nationales Gedenken, Lublin)

Mytilene

SANGEN SIE, als sie so gemütlich feierten? Sangen sie „Junge Soldaten in sturmschwerer Zeit" oder einfach nur „Ein Heller und ein Groschen?" Sangen sie vielleicht gar „Ich weiß, es wird einmal ein Wunder geschehn?" Hatten sie eine Gitarre dabei oder wenigstens eine Mundharmonika?

– Wieder geht es durch die Zeit hinab ... Das Fest der SS von Kraśnik zieht vorbei, der unsichtbare Organist, dem Jan Dubrowski lauschte, die naiven Lieder des Simplicissimus im dreißigjährigen Krieg – Sie singen alle, und von unten klingt das „Hei-hei-hei" der Taulipang zurück.

Wie sinkt ein Volk so tief?

WIR BEFINDEN uns auf dem Pnyx, dem Versammlungsplatz von Athen. Es ist der Sommer des Jahres 427 vor Christus. Seit fünf Jahren tobt der Peloponnesische Krieg, das große Ringen zwischen dem demokratischen Athen und dem aristokratischen Sparta. Die Volksversammlung tagt, eine Debatte ist im Gang. Eine Debatte, die uns etwas angeht. Die Bürger nämlich, die Handwerker, Reeder, Ruderer und Ölhändler der Stadt, haben ein Thema auf der Tagesordnung, das auch das unsere ist: Es geht um kollektive Hinrichtung, um Härte, Gnade, Vernunft und Exempel. Es geht um eine Befriedungsaktion.

Das verbündete Mytilene auf der Insel Lesbos war kurz vorher zum Feind übergelaufen. Ein athenisches Expeditionskorps hatte die Stadt daraufhin erobern können, nicht zuletzt deswegen, weil viele Bewohner immer noch zur alten Vormacht hielten und den Soldaten die Stadt geöffnet hatten. Dennoch aber setzte sich in Athen in den Tagen darauf die Ansicht durch, der Abfall müsse mit der größten Härte bestraft werden – nicht allein durch die Bestrafung derer, die in Mytilene den Bündniswechsel vorangetrieben hatten, sondern durch die Hinrichtung der gesamten männlichen Bevölkerung – einschließlich derer, die zu Athen gestanden und die Tore geöffnet hatten. Frauen und Kinder sollten in die Sklaverei verkauft werden. Die Volksversammlung berät also und beschließt mit Mehrheit die „Pazifizierung" von Mytilene. Noch am gleichen Tag wird eine Triere, ein Schnellruderer der

Kriegsmarine mit drei übereinanderliegenden Ruderbänken, losgeschickt, um dem Kommandanten an Ort und Stelle den Exekutionsbefehl zu überbringen.

In der Nacht darauf aber geschieht etwas Außerordentliches: In Athen kippt die Stimmung; die in der Abstimmung unterlegenen Freunde Mytilenes lassen nicht locker, und schließlich setzen sie durch, dass die Sache am folgenden Morgen noch einmal auf die Tagesordnung kommt.

Es lohnt, einen Augenblick bei der Debatte zu verweilen, die nun folgt. Der Hauptredner der Hinrichtungspartei tritt auf, ein Mann namens Kleon. Zuerst beschimpft er das Volk, das so schwach war, am eigenen Beschluss zu rütteln, und er beschimpft nicht nur das Volk, sondern auch das Prinzip der Volksherrschaft selbst: Schon oft habe er erkannt, „dass die Demokratie unfähig ist, über andere zu herrschen", ruft er höhnisch in die Menge. Warum? – Weil sie jene „drei Fehler" nicht vermeiden kann, die jede „herrschende Macht" unweigerlich ruinieren. Die Fehler sind „schöne Reden", „Großzügigkeit", und vor allem „Mitleid".

Sein Plädoyer gegen das Mitleid verbindet Kleon dabei mit dem Gedanken, dass Menschen prinzipiell ungleich seien – entweder nämlich gehörten sie zum eigenen Stamm oder sie seien Fremde. Das „Mitleid" aber, das in der Demokratie so schädlich um sich greife, sei stets nur mit „Gleichgestellten" statthaft, niemals aber mit all den anderen, „die notwendig immer unsere Feinde bleiben". Diesen Anderen gegenüber aber sei Mitleid nichts anderes als Schwäche, die keinen „Dank" bringe, sondern bloß „Gefahr".

Nicht nur das Mitleid aber findet keine Gnade vor diesem Redner. Bei ihren Entscheidungen nämlich, so argumentiert er weiter, sollten die Bürger nämlich noch vor einer weiteren modischen Illusion auf der Hut sein – vor dem „Schein des Rechts". Kleon lässt in seiner Argumentation dabei sogar den

124

Gedanken zu, dass Mytilene durchaus „zu Recht" von Athen abgefallen sein könnte – nur um diese Überlegung sofort für irrelevant zu erklären: Herrschaft und Recht sind zweierlei. „Wollt ihr aber herrschen, auch ohne ein Recht zu haben, dann müsst ihr, sei es auch gegen den Schein des Rechts, jene zu eurem Vorteil züchtigen oder ihr müsst von eurer Herrschaft abtreten."

Fünfundzwanzig Jahrhunderte später hätte man eine solche Argumentation „faschistisch" genannt: Macht vor Recht, Verachtung für das Mitleid, radikaler Vernichtungswille gegen den „Anderen", verbunden mit der Vorstellung, es gebe stets nur die Wahl zwischen totaler Herrschaft und totalem Untergang – das wäre eines Goebbels würdig gewesen.

Trotz der Suggestionskraft dieser Argumente aber ist an diesem Tag in Athen etwas Sensationelles geschehen. Anders als das „Deutsche Volk", das im Sportpalast die Frage „Wollt ihr den totalen Krieg?!" mit einem donnernden „Ja!" beantwortet hatte, überkam die Athener, wie der Chronist Thukydides in atemberaubender Knappheit berichtet, in der erneuerten Debatte „Reue und der Gedanke, es sei doch ein sehr roher und schwerwiegender Entschluss, eine ganze Stadt auszurotten". Die Versöhnungspartei unter der Führung eines gewissen Diodotos setzte sich mit der durchaus unsentimentalen Überlegung durch, statt die eigenen Verbündeten auszulöschen, solle Athen sie lieber „durch maßvolle Strafen bei Kräften halten, um Geld von ihnen eintreiben zu können".

Klare, wenn auch etwas kühle Humanität hatte die Argumente der Vernichtung überwunden. Noch am gleichen Tag wurde in fliegender Eile ein zweites Schiff losgeschickt, die Ruderer erhielten einen Sondersold sowie Extra-Rationen von Gerstenbrot mit Wein und Öl, und da die Besatzung des ersten Schiffes wegen des widerwärtigen Befehls, den sie übermitteln sollte, ohnehin nur unwillig gerudert hatte, erreichte die Begnadigung Mytilene gerade noch rechtzeitig, um den Beginn der „Befriedung" zu verhindern.

EIN TRIUMPH von Menschlichkeit und Demokratie? – Gewiss, aber nicht von Dauer. Elf Jahre später landet abermals ein athenisches Expeditionskorps auf einer unbotmäßigen Insel, es ist das 16. Jahr des Krieges. 30 Schiffe, 2700 schwere Infanteristen, 300 Bogenschützen und 20 Mann Kavallerie besetzten Melos, das zwar nicht geradezu Partei für Sparta ergriffen hatte, aber sich doch auch Athen nicht anschließen wollte. Die Melier sind der athenischen Marineinfanterie zwar hoffnungslos unterlegen, aber sie geben nicht auf, schließen die Tore und bieten den Angreifern Verhandlungen an. Abermals ist es Thukydides, der die Argumente beider Parteien mit Distanz und Sorgfalt nachzeichnet.

Die belagerten Melier hofften offenbar, das rationale Athen, das ja doch im „Fall Mytilene" so kühl und präzise den Vorteil der Humanität erkannt hatte, mit dem Argument zu überzeugen, trotz ihrer Überlegenheit sei es für die Vormacht vorteilhafter, dem kleinen Melos seine Neutralität zu lassen, und sich dafür die Kosten der Belagerung zu sparen. „Dass wir uns ruhig verhalten und statt eure Feinde Freunde sind, jedoch verbündet mit keinem der beiden Gegner, damit könnt ihr euch nicht zufrieden geben?" fragen sie die attischen Kommandanten.

Die Antwort zeigt, dass humane Vernunft damals, nach Jahren Blut und Verrat längst aufgehört hatten, das Denken des demokratischen Athen zu bestimmen. Recht? Man hört sie förmlich lachen, die Oberstleutnants und Sturmbannführer. Kommt uns nicht mit „schön klingenden Worten". Ihr wisst doch so gut wie wir, „dass Recht … nur bei gleichem Kräfteverhältnis zur Geltung kommt, die Stärkeren aber alles in ihrer Macht stehende durchsetzen, und die Schwächeren sich fügen."

Freundschaft? Neutralität? Neues Gelächter. Feindschaft ist uns lieber, Feindschaft und bedingungslose Unterwerfung, denn Freundschaft ist leeres Geschwätz, ein Zeichen der Schwäche. Der Hass der Untertanen dagegen, das allein beweist Stärke. Gott? Wenn ihr Unsinn reden wollt, „so können wir ja gleich wieder aufhören". „Wir glauben nämlich, dass Gott wahrscheinlich, der Mensch ganz sicher, nach dem Zwang der Natur immer und überall dort, wo er die Macht hat, herrscht. Wir haben diesen Grundsatz weder aufgestellt noch als Bestehendes zuerst befolgt. Als gegeben haben wir es übernommen, und werden es als ewig Gültiges hinterlassen."

Elf Kriegsjahre nach jener Sternstunde der Demokratie, der Rettung Mytilenes durch das Volk von Athen, hatte Kleons Mordplädoyer sich durchgesetzt. Melos aber, das neutral bleiben wollte, ist durch die Besatzer „befriedet" worden. Die Übermacht der Invasoren eroberte die Festung, alle überlebenden Männer wurden hingerichtet, Frauen und Kinder als Sklaven verkauft.

Die Athenische Demokratie hat diese Episode nicht lange überlebt. Kurz nach der „Pacyfikacja" von Melos fegte eine Junta von Putschisten die Volksherrschaft weg, und noch einmal zwölf Jahre später musste die Stadt kapitulieren. Athen hat sich davon nie wieder erholt.

Der Verletzte

EIN DUNKELBLAUER Mercedes donnert durch die Dämmerung. Andrzej hat das Gaspedal durchgedrückt, Andrzej mit dem grauen Patriarchenbart, Gründer und Besitzer des kleinen Holzbetriebs im Wald gleich bei der Mühle, der Sohn der Marianna Goleń, die die deutsche Sprache nicht verträgt.

Die Ventile sind geöffnet, der Tourenzeiger ist hochgeschnellt, die Stoßdämpfer rattern in den Schlaglöchern, das sonst so diskrete Triebwerk des Wagens, dieses Meisterstück deutscher Kraft und deutscher Gediegenheit, hat sein gewohntes leises Surren zu einem vollen Rauschen gesteigert.

Andrzej hat einiges gesehen und einiges gehört von seinem Land. Als Junge hat er wohl wie alle Kinder am Kachelofen gesessen, wenn die Erwachsenen erzählten, und so haben sich die Fäden der Geschichten von Borów mit dem Gewebe seiner Kinderwelt verflochten. Er kann vom Großvater erzählen, der zu Wohlstand kam, als Polen noch geteilt war und die südliche Straße nach wenigen hundert Metern zu jener längst überwachsenen Grenze führte, die das unermessliche Imperium des russischen Zaren im Norden von der Monarchie des österreichischen Kaisers im Süden trennte. Auf den Schmugglerpfaden, die bis heute durch die Wälder ziehen, ging es damals mit Wodka hin und mit Zigaretten zurück. Flüchtlinge, Sträflinge, Elende suchten den Weg nach Westen und vielleicht weiter zu den Schiffen nach Amerika. Der verstohlene Verkehr nach hüben und drüben brachte Gewinn, und die Erzählung vom Koffer der Großmutter, der genug Rubel enthielt, um dafür hundert Kühe zu kaufen, gehört zum Bestand der familiären Mythen. Das große Epos dieses Dorfes aber, die Erzählung vom Lichtmesstag, hat schließlich doch alles andere überdeckt. An den Öfen der Winter, in den Gartenlauben der Sommer, hat Andrzej immer wieder vom Pfarrer Stańczak gehört, dem Warner auf der Kanzel, von den Toten am Glockenturm und von den zusammengekauerten Familien in den Kellern. Wie für so viele aus der Generation der Nachkriegszeit, wie für Marek, den gewaltigen Sohn der Mutter Stanisława, der aus dem verbrannten Stall das Wirtshaus mit der Brunnenmaid baute, wie für die Lehrerin Maria Zadło, die erst so spät von ihren Schwestern auf dem Friedhof erfuhr, ist der Lichtmesstag 1944 für Andrzej lange vor seiner Geburt zum vielleicht wichtigsten Tag seines Lebens geworden.

Wie gesagt, Andrzej hat einiges gesehen seit dieser Kindheit in Borów. Nicht, dass er je ins Ausland gegangen wäre, sein Fuß hat polnischen Boden nie verlassen. Aber er war bei der Armee, und als Berufssoldat hat er sein Land kennengelernt. Seit er den Dienst quittiert hat und jener Bart wächst, der mittlerweile auch schon grau wird, ist die kleine Holzfabrik draußen im Wald seine Welt. Die Geschäfte gehen nicht schlecht. Seit der Wende, schon zwei Jahrzehnte lang, träumt dieses Land seinen Traum vom Mittelstand, Opel und Ikea, der Bedarf an neuen Türen und Fenstern kennt keine Grenzen, und draußen im Wald singt die Kreissäge bis spät. Irgendwann hat es dann für dieses deutsche Auto gereicht, das jetzt in so unerhörtem Tempo über die dämmernden Waldwege donnert.

Warum also rauscht das Triebwerk so hoch, warum rattern die Reifen so hart über die Pisten? Andrzej hat eine neue Geschichte gehört. Es gibt nicht viele Geschichten aus dem großen Zyklus von Borów, die ihm noch fremd wären, aber diese kannte er noch nicht. Es ist eine ungewöhnliche Geschichte, eine Ausnahme-Geschichte, verstörend anders als die anderen. Und erzählt hat sie niemand anderes als seine eigene Mutter, Marianna Goleń, die Sorgfältige, die Frau mit dem Notizblock.

Hauptfigur ist ihr Vater, Andrzejs Großvater. Die Familie war wohlhabend gewesen; zu dem Koffer mit den Rubeln war eine Holzhandlung gekommen, die offenbar gut genug ging, um mitten im Krieg ein neues Haus zu bauen. Nur wenige Monate vor dem Brand von Borów hatte die Familie es bezogen. Nichts fehlte. Auf den Betten lagen Kissen mit den Monogrammen der Kinder, und sogar für ein Ziegeldach hatte es gereicht, eine geradezu extravagante Neuerung in jener Welt der Strohdachhütten. Zwei hölzerne Scheunen für Heu und Getreide waren so gebaut, dass man nur Fenster hineinschneiden musste, um sie später einmal in Wohnhäuser für die Kinder umzuwandeln.

Als am zweiten Februar 1944, drei Monate und einen Tag nach dem Einzug, die Deutschen kamen, war es zwar auch mit diesem Haus vorbei. Wie das ganze Dorf ist es in Flammen aufgegangen, so leuchtend, dass Andrzejs Mutter, damals das Mädchen Marianna, welches die Nacht über von ihrem Versteck am Fluss aus in die Flammen sah, bis heute vor Angst nicht schlafen kann, wenn eine Nacht zu hell ist. Die Geschichte der Familie gleicht in vielem all den anderen Geschichten dieses Tages; da gibt es jene Cousine Karolina, die ein Soldat mit dem Bajonett (oder war es ein Messer?) erstach, während sie seine Beine umklammerte. Da gibt es die Geschichte vom kleinen Stanisław Bierut, der mit einer Kugel im Kopf überlebte und bei dem dann Jahrzehnte später, als ihm die Haare ausgingen, eine weiche, pulsierende Stelle am Schädel zu Tage trat. Aber da gibt es eben auch diese Geschichte vom Vater, Andrzejs Großvater, die so ganz anders ist.

Marianna Goleń erzählt diese Geschichte folgendermaßen: An diesem zweiten Februar hat ihr Vater das Haus schon früh verlassen; er hat mit dem Fuhrwerk eine Ladung Holz geliefert. Nach Kraśnik, wo die deutsche Kreishauptmannschaft sitzt, vielleicht auch anderswohin. Der Untergang seines Dorfes erfasst ihn erst auf der Rückkehr. Bei Irena, dem letzten Weiler vor Borów, stehen plötzlich Soldaten vor ihm, stoppen das Fuhrwerk, holen ihn vom Bock. Sie drücken ihm einen Spaten in die Hand: „Grab!" Er gräbt, sie sehen zu. Schließlich: „Zieh dich aus." Er entkleidet sich.

In diesem Augenblick wendet sich der Gang der Geschichte. Ein weiterer Deutscher taucht auf – ein Offizier, ein Soldat wie die anderen, aber einer, der offenbar anderen Befehlen gehorcht. Der Mann ist anscheinend hier einquartiert, wohl bei der Frau Mazuś, einer Bekannten der Familie. Niemand weiß, ob er von selbst aus dem Haus gekommen ist, oder ob ihn jemand geholt hat, jedenfalls verändert sein Auftauchen den Gang dieser Episode. Der Offizier geht auf die Soldaten mit dem nackten Gefangenen zu, sagt ein paar knappe Worte, sieht sich die Papiere des Entkleideten an, stellt fest, dass sie ordnungsgemäß ausgefertigt sind, spricht ihn an, auf polnisch, weiß Gott, woher er das kann: „Weißt du, was in Borów passiert?" Der Vater verneint. „Dann geh und schau nach deinen Leuten. – Und pass auf." Der Vater zieht sich an, steigt auf den Bock, treibt die Pferde an. Zurück bleibt eine leere Grube, Soldaten, ein Offizier. „Dieser Offizier hat meinen Vater gerettet", sagt, dreiundsechzig Jahre später, Marianna Goleń, die Tochter. Andrzej aber, ihr Sohn, Holzhändler wie der Großvater, hat diese Geschichte an diesem Abend zum ersten Mal gehört. Jetzt jagt er seinen Mercedes durch den Wald nach Irena, wo die Grube war.

Ich unterbreche die Fahrt an dieser Stelle. „Der Soldat, der nicht schoss", die Figur des Deutschen, der im allgemeinen Morden nicht mordete, ist mir immer wieder begegnet auf meinen Fahrten durch Borów, Szczecyn, Wólka Szczecka, Łążek Chwałowski und Łążek Zaklikowski. Janina Konopka, die Frau des Schultheißen von Szczecyn, hat von dem Mann erzählt, der ihr im Teichschilf plötzlich gegenüberstand und ihr mit rudernden Armen klar machte, sie möge doch um Gottes Willen fliehen, und Mieczysław Stępień, der Bär im Witwerhaus, der „wie eine Frau" ging, hat von dem Soldaten berichtet, dessen Bonbons aus der Brusttasche (vielleicht war es auch Würfelzucker) seither im Gewebe der Berichte von Borów ihren festen Platz haben.

In der Geschichte von Andrzejs Großvater und der leeren Grube kehrt diese Figur nun wieder: Abermals begegnet uns der Deutsche, der „nicht schießt", der für eine Sekunde aus dem Dunkel auftaucht, der eingreift, die anderen abhält, rettet – nur um dann wieder im großen Geschehen dieses Krieges abzutauchen, um zusammen mit Tätern und Opfern verschluckt zu werden vom umfassenden, mörderischen Drama der Nation, deren Uniform er trägt. In allen Geschichten, die wir bisher gehört haben, ist diese Figur allerdings überaus vage geblieben. Entweder taucht nur für Sekunden auf, wie der winkende Soldat der Schultheißenfrau, oder ihre Geschichte ist nur aus zweiter Hand überliefert, wie die Geschichte des Offiziers, der Andrzejs Großvater rettete, oder des Mannes mit den Bonbons.

Es gibt aber noch eine Geschichte aus erster Hand. Um sie zu hören, nimmt man die Straße nach Osten, dieselbe, die Andrzejs Mercedes an diesem Abend entlangraste. Es geht am Friedhof vorbei, an dessen Eingang die zerschossenen Heiligen an das verzweifelte Handgemenge der Brüder Nowacki und das verlorene Hochzeitsgeld der Feliksa Woźna erinnern, dann führt die Landstraße über die Felder dem Wald zu. Kurz vor dem Waldrand biegt ein Lehmweg nach rechts, wo mäandrisch und umwuchert die Sanna fließt. Eine Gruppe hölzerner Häuser erscheint, hinter einem hohen Lattenzaun bellt ein Kettenhund.

Janina Sękala, verheiratete Łopion, hat ein wenig gezögert, als ich sie um ihr Zeugnis bat. Die Erinnerung schmerzt, sie kehrt nicht gern zurück zu diesen Tagen, aber dann hat sie mich einen Augenblick lang ernst und gerade gemustert, sich einen Ruck gegeben, den Stock in die Ecke gestellt, und ihr Album zwischen die Kreuzworträtsel auf die gehäkelte Tischdecke gelegt. Der Kachelofen mit seiner Kochplatte, dem blinkenden Handlauf und den verzweigten Ablegern in die umliegenden Räume beherrscht das Wohnzimmer. Auf dem Fernseher ruht ein Reh aus Porzellan und auf der Vitrine hält eine winzige, elektrisch illuminierte Muttergottes mit einer ebenso winzigen und ebenso elektrischen Tänzerin in rosa Tutu einträchtig Nachbarschaft.

Es hat eine besondere Bewandtnis mit diesem Album. Anders als die Alben der meisten anderen Familien von Borów, deren Fotografien am zweiten Februar 1944 samt und sonders verbrannt sind, enthält es nämlich noch eine ganze Anzahl von Bildern aus der Zeit vor dem großen Feuer; – warum, soll in einem späteren Kapitel noch versuchsweise geklärt werden, wenn auch gleich vorauszuschicken ist, dass die Klärung nicht völlig gelingen wird.

Vorab also nur soviel: Janina Sękalas Album reicht zurück in jene Zeit, von der sonst in Borów fast alle Spuren verschwunden sind. Da tauchen die Eltern auf: der Vater Antoni Sękala, noch als ganz junger Mann, schon damals mit jenen eng geschlossenen, schmalen und ernsten Lippen und dem akkurat nach hinten gekämmten Haar, von dem später noch die Rede sein wird. Er sitzt im Garten, das Töchterchen auf den Knien, den schon etwas größeren Sohn in einer Art Matrosenanzug neben sich; neben ihnen steht Janina Mutter Maria, ebenfalls jung und ernst, mit hohen Wangenknochen und auffallend dunkel umschatteten Augen. Im Hintergrund, und auch dies ist auffällig, sieht man eine gemauerte Hauswand – abermals eine Seltenheit für Borów, das damals fast gänzlich aus Holz und Stroh gebaut war.

Weitere Bilder folgen: Junge Männer in Sepiabraun, Porträts von Soldaten im Drillich oder in Offiziersuniform mit Paradesäbel und Tschapka, der viereckigen Mütze der polnischen Kavallerie; junge Frauen erscheinen in luftigen Sommerkleidern, von einem vergessenen Fotografen offenbar sorgfältig vor einer Laube zwischen Rosensträuchern arrangiert, schließlich eine Gruppe von halbwüchsigen Mädchen mit Zöpfen, versammelt um eine per Pedal betriebene eiserne Nähmaschine, auf welcher ein in großen Buchstaben beschriftetes Blatt Papier von der „Schneider- und Nähschule 1940" kündet.

Und was hat das mit dem Deutschen zu tun, mit dem Mann, der nicht schoss? Drei Bilder im Album öffnen den Weg zu ihm. Das erste zeigt Janina Sękala im Alter von sechzehn oder siebzehn Jahren: ein Mädchen in gepunktetem Kleid, mit rundem Gesicht, dunklem Haar und hellen Augen, damals schon so ernst und gerade blickend, wie heute, als sie mich musterte, bevor sie ihr Album hervorholte.

Das zweite Bild ist nach dem Krieg entstanden. Es zeigt wieder eine Frau, diesmal etwas älter, vielleicht Mitte zwanzig. Die Haare über dem hübschen Gesicht sind zu Locken gedreht, sie hat Lippenstift aufgetragen und den Kopf mit einem verstohlen koketten Lächeln ein wenig ins Profil gedreht – offenbar hat ein professioneller Fotograf nachgeholfen bei der richtigen Pose. Das Bild zeigt Janka Waligura, das Flüchtlingskind. Zusammen mit ihrer Familie war sie wie Zig-Tausende von Polen während des Krieges von den deutschen Besatzern aus ihrer Heimat, dem von Hitler zur totalen Germanisierung bestimmten „Warthegau" bei Posen vertrieben worden und hatte in Borów eine vorläufige Bleibe gefunden. Als die Deutschen kamen, lebte Janka Waligura ebenso wie ihre Schwester Maria schon seit einiger Zeit hier, und mit Janina Sękala verband die Vertriebenen eine enge Mädchenfreundschaft.

Auch das dritte Bild entstammt der Nachkriegszeit. Wieder ist ein Garten der Schauplatz: Zwei Frauen haben sich auf eine Decke gelagert, zwischen sich haben sie ihre Kinder genommen, einen Jungen in Sandalen und kurzer Hose und ein barfüßiges Mädchen mit einer Schleife im Haar. Die Frau zur Rechten, die mit dem runden Gesicht und den hellen Augen, ist auf den ersten Blick als Janina Sękala zu erkennen, nunmehr im Alter von etwa dreißig Jahren. Die Frau zur Linken ist Helena Jaśkiewicz, die Schwester jener Lucyna Jaśkiewicz, welche die Männer ins Feuer warfen. Später hat sie Wacław Delekta geheiratet, den Mann mit der arabeskenreichen Stirn.

Diese vier jungen Frauen, die vertriebenen Schwestern Waligura aus dem „Warthegau", Helena Jaśkiewicz, sowie Janina Sękala, sind die Hauptfiguren der Erzählung vom Mann mit der Narbe. In der Erinnerung von Janina Sękala haben sich die Ereignisse damals folgendermaßen zugetragen:

Es war an einem der Tage nach dem Brand. Die Überlebenden waren aus den Verstecken gekommen. Zwischen den ragenden Kaminen des Dorfes suchten sie nach Resten ihrer Habe, nach Nahrung, nach ihren Toten. Janina Sękala und ihre Mutter, die Frau mit den hohen Wangen und den dunkel umschatteten Augen, sahen die Erschossenen am Glockenturm, den toten Pfarrer Skulimkowski und den Schuldirektor, der in der Kirche starb. Später bargen sie die verbrannten Reste der Großmutter Franciszka Sękala, die ein Soldat erschossen hatte, als sie über die Felder hatte fliehen wollen. Sie hatte ein gerahmtes Bild der Kreuztragung mit der Inschrift „Dein Wille Geschehe" im Arm, das der Soldat nach vollbrachtem Mord aus dem Rahmen schnitt und mit sich nahm.

Plötzlich aber tauchen in dieser Erzählung die Deutschen wieder auf. Menschen flüchten, alles rennt, Maschinengewehre hämmern. Ein junger Partisan fällt tödlich getroffen zu Boden, alles ist plötzlich voll Blut, und Janina Sękala selbst wird von einer Kugel am Bein verletzt. Schon steht ein Trupp von Deutschen vor ihr, Männer mit Totenkopfmützen, nur einer barhäuptig, ein Blonder ohne Mantel, dafür aber mit einer frisch geklammerten Verletzung im Gesicht. Sie haben vier junge Frauen gestellt, vier Mädchen fast noch, und jetzt treiben sie sie gerade mit geladener Waffe vor sich her: Wir erkennen Janina, dazu ihre Freundinnen aus dem Album: die Waligura-Schwestern und Helena Jaśkiewicz. Voll Angst, in höchster Anspannung weichen sie vor den Soldaten rückwärts gehend zurück, die Augen auf die Männer geheftet, denn sie haben das sichere Gefühl, wenn sie auch nur für eine Sekunde den

Blick abwenden, ist das ihr Ende. „Umdrehen", ruft einer der Soldaten, „umdrehen!" Die alte Janina Sękala an ihrem Ofen weiß noch, wie sie sich sträubte. „Strzelaj!" „Schieß doch", schreit sie zurück – und will sich nicht umdrehen, ums Leben nicht. Der Mann packt ihren Arm, verrenkt ihn, will sie drehen, sie windet sich, will nicht; schon hebt sich ein Gewehrlauf – da sieht Janina, wie eine Hand ins Bild greift, die Mündung zur Erde drückt. Jemand hat Einhalt geboten.

Der Blick geht hoch: ein Soldat ohne Mütze und Mantel, blond, mit einer frisch geklammerten Verletzung im Gesicht. Er sagt etwas auf Deutsch, der mit der Waffe verschwindet aus dem Blickfeld, die Mädchen verstehen, dass sie nicht sterben werden. Janina stürzt in den Schnee, umfasst die Beine des Verletzten, und während sie ihn umfasst hält, spürt sie, wie seine Knie zittern. Dann fasst er ihren linken Arm und hebt sie hoch.

Zuletzt lösen sich die Frauen von den Soldaten, irgendwo im Wald an der östlichen Straße. Schritt für Schritt, immer noch rückwärts gehend, entfernen sie sich, um nur ja keinen Augenblick die Männer aus den Augen zu lassen. Janina Sękala aber hat sich, als sie die Knie des Mannes umfasste, ein Bild eingeprägt, das seither nicht verblasst ist: der Deutsche trug polnische Schuhe – Offiziersstiefel jener polnischen Armee, die vier Jahre zuvor zwischen den Panzerkeilen der angreifenden Wehrmacht untergegangen war. Es mag wohl an diesen Tagen, vierzehn Monate vor dem Fall des Reiches, tatsächlich nicht mehr zum Besten gestanden haben mit dem Schuhwerk des deutschen Heeres.

ES GIBT übrigens noch eine andere Überlieferung von dieser Episode. Helena Jaśkiewicz, eine der vier jungen Frauen, die sich damals rückwärts von den Soldaten entfernte, ist zwar mittlerweile gestorben, aber ihr Ehemann lebt noch, Wacław

Delekta mit der Arabeskenstirn, der so zweifelnd den Kopf gewiegt hatte, als ich mit ihm über die Hinrichtung der kommunistischen Partisanen sprach. Wacław Delekta nun hat von seiner Frau zu ihren Lebzeiten ein Detail erfahren, das in der Erzählung Janina Sękalas nicht enthalten war: Danach hatte einer der Soldaten, offenbar ein Offizier, schon den Befehl erteilt, die vier jungen Frauen zu töten, als einer aus dem Trupp, ein Älterer wohl, zur Antwort gab, er habe selber eine Tochter zu Hause, und deshalb werde er jetzt nicht schießen. Schließlich habe dann überhaupt niemand geschossen, und die Mädchen seien entkommen.

Janina Sękala kann sich an diesen Wortwechsel allerdings nicht erinnern. Sie spricht kein Deutsch und konnte deshalb nicht verstehen, was die Soldaten sagten. Es ist aber gut möglich, dass die Schwestern Waligura, die als Vertriebene aus der Posener Gegend durchaus deutsch sprachen, die Worte der Soldaten verstanden haben, und dass von ihnen die Geschichte ausgegangen ist, die Wacław Delekta erzählt.

EIN BLAUER Mercedes hat scharf gebremst. Wir sind in Irena, dort, wo Andrzejs Großvater damals die leere Grube zurückgelassen hatte, sowie den Offizier, der bei Frau Mazuś Quartier genommen hatte. Der Abend ist da, und in den winzigen Holzhütten machen sie gerade die Lampen an. An einem Zaun vor einem verfallenen Schuppen zieht ein Mann mit abgearbeiteten Händen mürrisch an einer Zigarette, ein uraltes, ledriges Hutzelweiblein hat sich zu ihm gesellt. „Sie suchen die alte Mazuś, die mit dem Offizier?" ... „Ja", sagt das Weiblein, „ja ..." „Wann?" – „Der Krieg, nein ... ja ... Es gab den Krieg ... Krieg und Geschäfte ... Ich kann mich erinnern ... Ja ja ..."

Das Triebwerk rauscht auf, der Zeiger schnellt hoch, ein deutsches Auto rast durch die Nacht. Wir sind zu spät gekommen.

Die Freie Stadt

DAS MÄDCHEN kam zur Welt, als das Gröbste schon erledigt war. Sie war ein empfindliches Kind, neugierig, wie alle Kinder, dazu mit lebhafter Einbildungskraft begabt, so dass sie nachts schlecht träumte, wenn der Großvater, der bei den Ulanen gewesen war, nach den ersten Späßen wieder zu viel erzählt hatte. Die schöne Stadt, in welche ihr Vater, weiß Gott woher, schon vor ihrer Geburt gezogen war, hatte kräftige Mauern, geschmückte Giebel mit Schnecken- und Stufenornamenten und Kirchen mit Backsteinpfeilern so hoch wie Burgen. Als sie in das Alter kam, in dem die Erinnerung beginnt, waren die Trümmer des Krieges schon weggeräumt. Die zerborstenen Kräne der Schichau-Werft waren abtransportiert, die Bombentrichter voll verkohltem Gebälk und Mobiliar waren zugeschüttet, und die eng stehenden Renaissancefassaden zwischen dem Hohen Tor und der Mottlau, sowie der Neptunbrunnen am Langen Markt, wuchsen gerade wieder hoch aus dem Schutt des Krieges.

Das Haus, in dem Lucyna Kuchta aufwuchs, war so recht geeignet, einem Kind, das zur Empfindlichkeit neigte, Schutz zu vermitteln. An der Einmündung der Ulica Twarda in die Marynarki Polskiej gelegen, hatte es die Bombardements der letzten Danziger Kriegstage überstanden. Fest und solide für die Arbeiter bei Schichau, der späteren Lenin-Werft, gebaut, zog es sich unter seinem wohlproportionierten Ziegeldach, das in der Mitte, zwischen der flacheren oberen Partie und der viel steileren unteren, eine Zwischenkante aufwies, in einem schräg angeschnittenen Winkel um die Straßenbeuge, so dass statt einer scharfen Ecke eine zusätzliche Fensterfront entstand, die Licht und Sonne ins Innere ließ. Lucyna Kuchta liebte diese schöne, hoch gebaute Stadt, die so ganz anders war, als das Dorf mit den Lattenzäunen, Hühnerhöfen und mächtigen Herden am Ende der Welt, aus dem ihr Vater stammte und in das sie in den großen Ferien immer fuhren, zum Heu machen bei den Großeltern, und um abends bei Geschichten unter Obstbäumen zu sitzen. Sie liebte das Rot der Kirchen, und sie liebte auch die Wohnung der Eltern mit ihren fremdartig beschrifteten Armaturen und den matt glänzenden Lampen, deren Licht sanft aus einer Glasschale strömte, welche ihrerseits von fein getriebnen Messingblättern umrankt war. Nur den Keller unter der Treppe, den der Vater immer den „Bunker" nannte, und der in seiner Dunkelheit voll schrecklicher Geheimnisse war, mied das Mädchen. Selbst wenn die anderen Kinder, deren Eltern wie die ihren von weiß Gott woher in diese Stadt gezogen waren, zwischen dem Haus und den Werften Verstecken spielten, widerstand sie der Versuchung, die herrlichen Schlupfwinkel zu nutzen, die sich den Kühneren unter ihnen dort unten zweifellos boten.

Der Vater war gleich nach dem Krieg aus seinem verbrannten Dorf nach Danzig gezogen. Es gab Arbeit an den Werften, das Land war neu, keiner kannte den anderen, und niemand fragte, ob er daheim in seinem Dorf zwischen Weichsel und Sanna zu den „richtigen" Partisanen gehört hatte oder zu den „falschen" (er war bei den „falschen" gewesen, bei der Heimatarmee, und vielleicht auch deshalb war es nach dem Krieg besser gewesen, möglichst schnell sein Bündel zu packen und in die „gewonnenen Gebiete" zu ziehen). Vor allem aber gab es in dieser Stadt abseits der zertrümmerten Altstadt noch genug intakte Häuser mit soliden, schön geschrägten Eckfronten, in denen die Messinglampen der verschwundenen Bewohner nur darauf warteten, angeknipst zu werden, um wieder ihr sanftes Licht zu verbreiten. Die Keller waren voll von den Büchern und Zeitungen, Truhen und Kisten, Globen und Atlanten der Leute, die gerade noch mit ihren Kampfpanzern und Sturzkampfbombern Europa bis zur Kalmückensteppe durchpflügt hatten. Aber wer hatte schon Zeit zu fragen, und das Licht dort unten war ohnehin defekt.

Für Lucyna Kuchta wäre Danzig wohl eine einfachere Heimat gewesen, wenn es da nicht diese Sommer in Borów gegeben hätte. Jahr für Jahr ging es im Sommer zu den Großeltern. Die Wiesen und die Äcker, das Heu und die Kartoffeln, das Pferd und die Schweine verlangten um diese Zeit jede helfende Hand, und die Kinder lernten früh, mit anzupacken.

Unermessliche, unbeschwerte Sommer waren das – wenn da nicht manche Abende gewesen wären. Die Familie saß am überwachsenen Ufer in der Sommerküche, der Großvater erzählte. Er war noch zur Zeit der Teilung drüben in Österreichisch-Polen aufgewachsen, jenseits der Schmuggelpfade, dort, wo einmal Galizien war. Noch im Ersten Weltkrieg hatte er Kaiser Franz Joseph als Ulan gedient – anders als die meisten anderen Großväter in Borów, die für den Feind des Kaisers ins Feld gezogen waren, für den Zaren Nikolaus. Der Alte war ein Mann voll von Witzen und Anekdoten, aber diese Erzählstunden am Abend, gleich neben den Trockengerüsten für den Tabak endeten für das Mädchen Lucyna trotzdem oft mit Angst und bösen Träumen.

In der Sommerküche, wo heute die Garage für den silbergrauen Volkswagen Passat steht, hat das Mädchen in den fünfziger Jahren die Geschichte der Lichtmess von Borów gehört. Wie jene Mädchen im Garten, die noch schnell auf der Decke im Gras ihre Barbiepuppen zu Bett gebracht hatten, um dann mit großen Augen den entsetzlichen Geschichten der Großmutter zu lauschen, mag Lucyna Kuchta sich damals unbemerkt dem erzählenden Großvater genähert haben. Wieder und wieder hörte sie die Geschichte vom Pfarrer mit den erhobenen Händen; sie erfuhr, wie die Großmutter mit den drei Kindern (eines war ihre Mutter) rannte, während die

Schwägerin, die nicht mitrennen wollte, samt ihrer Tochter starb. Vielleicht hörte sie auch die Geschichte von jenem anderen Mädchen Lucyna, das die Männer damals lachend an Händen und Füßen geschwungen hatten.

Wenn sie dann aus den Ferien wieder heimkam, hatte sich das Haus, die Wohnung verändert. Sie liebte Danzig nach wie vor, die alte Stadt, die Menschen aus allen Teilen Polens – den verlorenen, den erhalten gebliebenen wie den neu gewonnenen – damals gerade Stein für Stein in alter Pracht wieder aufbauten. Und sie liebte auch die Messinglampe sowie den dunklen Eichenschrank ihrer Kindheit (hatte er drei Türen oder vier?) mit seinen geschnitzten Reben und Ranken. Andererseits störte es sie plötzlich, wenn auf dem Langen Markt, zwischen den schmalen Renaissancefassaden mit den eingemeißelten Heroen und Fabelwesen, jemand Deutsch sprach. Deutsch war damals rar geworden in Danzig; die alten Einwohner der Stadt, zu mehr als neunzig Prozent deutscher Herkunft, waren in den Feuernächten von 1945 verbrannt, geflohen oder mit den torpedierten Flüchtlingsschiffen der letzten Kriegstage auf den Grund der Ostsee gefahren. Wer geblieben war, vermied es, in der Öffentlichkeit deutsch zu reden. In den siebziger Jahren aber, als aus Deutschland wieder Besucher kamen, und an der Marienkirche die Touristen ihre Führungen bekamen, kehrte das Deutsche wieder.

Lucyna Kuchta, die mittlerweile kein Kind mehr war, störten diese neuen Töne. Es störte sie, dass diese Leute, von denen sie so furchtbare Dinge wusste, in ihrer Stadt lachten, Eis aßen und sich so selbstverständlich zu Hause zu fühlen schienen als stünden sie in Metzingen. „Damals war die deutsche Sprache für mich schlimm", sagt Lucyna Kuchta heute. „Es störte mich, diese Menschen zu hören, es störte mich, dass sie so laut waren, und vor allem störte mich, dass sie Deutsch sprachen – mitten in Polen."

Der Zwiespalt der Lucyna Kuchta, die die Messingleuchter und die Backsteinkirchen der Deutschen liebte, aber zugleich ihre Sprache nicht vertrug, ist bis heute der Zwiespalt Polens. Vor allem im neu gewonnenen Norden und Westen, im ehemaligen Masuren und Pommern, im Ermland, in der Neumark und in Schlesien, waren die Flüchtlinge aus den verlorenen Ländern und den verbrannten Dörfern des polnischen Ostens immer hin- und hergerissen zwischen staunender Aufnahme des fremden Erbes und angstvoller Abstoßung. „Die Steine sprechen deutsch", sagten schaudernd die neuen Bewohner von Breslau und Danzig – und fügten die deutschen Städte dennoch Ziegel für Ziegel wieder zusammen – anders als die Deutschen selbst, die das zerbombte Köln, Frankfurt und Hamburg nur als autistische Betonraster wieder erstehen lassen konnten.

Lucyna Kuchta ist nicht die Einzige gewesen, die mit dem Widerspruch zwischen der Wohnlichkeit ihrer Danziger Wohnung und dem albtraumhaften Dunkel der Keller zu kämpfen hatte. Der Dichter Stefan Chwin, wie das Mädchen Lucyna ein Kind der Danziger Nachkriegszeit (die Mutter stammte aus dem zerstörten Warschau, der Vater aus dem verlorenen Wilna), hat wie kein anderer den Kontrast zwischen Angezogenheit und Abscheu beschrieben, der damals die Kinder von Danzig erfüllt haben muss. In seiner Erzählung „Die Furcht" beschreibt er den Eindruck, welchen der Besuch eines deutschen Bades bei ihm hinterließ:

„Ich erinnere mich noch gut an das Badezimmer bei der Familie Polak, das ich einmal während einer Geburtstagsfeier von Julek betrat, um mir die Hände zu waschen, die von Erdbeeren mit Sahne klebrig waren", beginnt Chwin. „Einen Augenblick stand ich regungslos, dann drückte ich den Ebonitschalter neben der Tür, und als ein rosafarbenes Licht das Zimmer plötzlich erhellte, musste ich die Augen zukneifen. Unter dem Fenster, an einer Stelle, die zuvor völlig im Dunkel gelegen hatte, erblickte ich eine große Wanne, die ich im ersten Augenblick für einen Marmorteich hielt, weil sie nicht wie unsere Wanne zu Hause auf gusseisernen Löwenpfoten stand, sondern in den Fußboden eingelassen war. In diese Wanne musste man ganz mühelos steigen können. Man musste sich nur auf den Rand stützen und ein Bein auf den emaillierten Boden der Wanne stellen, dann griff die linke Hand schon ganz von selbst nach dem vernickelten Griff, der vorsorglich an der Wand neben dem großen Wasserhahn angebracht war, damit man nicht zu befürchten brauchte, auf der glatten Emailfläche auszugleiten. Neben der Wanne befand sich ein Waschbecken, dessen Form an eine weit geöffnete Lilienblüte erinnerte und das im Schein der kelchförmigen rosafarbenen Porzellanlampe, die an einem gebogenen Messingrohr über dem Becken angebracht war, in Rosatönen schimmerte. Der Spiegel unter der Lampe war nicht rechteckig, sondern oval. Mit seinem ornamental geschliffenen Rand und den aufgesetzten vernickelten Rosen, mit denen er an der Wand befestigt war, erinnerte er an einen auf Hochglanz polierten Schild aus Stahl. Noch imposanter war das Klosett. Muschelförmig gerundet thronte es auf einem runden Podest, das mit einem Kranz aus weißen glasierten Blättchen eingefasst war, und spiegelte sich in einem sanften Schneeweiß in den Kacheln. Ich wollte mir die Hände unter dem schmetterlingsförmigen Messingkran des Waschbeckens waschen, konnte mich aber doch der Versuchung nicht erwehren, die Wanne und die Duscharmaturen aus der Nähe zu betrachten, und trat deshalb ans Fenster. Über die emaillierte Nische gebeugt, hielt ich den großen Hörer der Brause in der Hand und ließ das Wasser über meine von Zucker und Sahne klebrigen Finger laufen, während meine Augen an dem dunkelblauen Streifen entlangwanderten, der, aus kleinen zu Blumenmustern gewölbten Kacheln zusammengesetzt, den Emailrand der Badewanne einfasste. Dabei stieß ich auf eine kleine Vertiefung, den Platz für die rosafarbene Seife, die auf die nassen Hände wartete. Und welch ein Genuss war es dann, ohne irgendwelche Notwendigkeit den Porzellangriff der Messingkette zu betätigen, auf der ein kleines hellblaues Schild mit der Fraktur-Aufschrift „Langfuhr" zu sehen war."

Chwin verweilt lange bei diesen Waschbecken und Gärten, den Scharnieren und Klinken der deutschen Häuser, bei der gebrauchsfertigen Humanität, die aus der Sorgfalt ihrer Verarbeitung strömt, dem Sinn für Maß und Proportion bei Dächern und Fenstern. „Wie Schliemann auf der Suche nach Troja", forscht er dem Gespür der verschwundenen Bewohner für wohlorganisiertes Behagen nach, dem Sinn für Bequemlichkeit und Solidität. Er zeichnet den Geist des bürgerlichen Individualismus nach, der so viel Sorgfalt auf die Annehmlichkeiten des Alltags verwendet, auf Leben und Lebenlassen. Die zivile Privatheit, die freundliche Toleranz einer Stadt, in deren Hauptkirche einst je ein katholischer und ein evangelischer Pfarrer abwechselnd Gottesdienst hielten, der alte multikulturelle Geist Danzigs imponieren dem Jungen, um den herum in den siebziger Jahren die genormten Blocks des Sozialismus zu wachsen beginnen.

Und wie bei Lucyna Kuchta kommen die Fragen: Gut ... – aber die Parabellums? Die Schaftstiefel? Die Panzer? Wie fügt sich das zu den lilienförmigen Waschbecken, der Freude an Maß und Individualität? – „*Sie* hatten sich doch hier gewaschen, bevor sie sich zum Versammlungsplatz am Olivaer Tor aufmachten, wo, wie ich von alten Aufnahmen wußte, Forster", (der Reichsstatthalter von Danzig) „seine Ansprachen hielt – und hatten dabei diese Wasserhähne, die Dusche, den Porzellangriff an der Kette berührt; hier in dieser tiefen Wanne hatten sie sich doch geschrubbt, bevor sie ihre schwarzen Uniformen mit den aufgestickten silbernen Emblemen anlegten, hier, auf diesem Bügelbrett, das jetzt (leicht verschlissen und geschwärzt) neben der Tür stand, ihre schwarzen Hosen gebügelt, hier auf dieser speziellen Stufe hatten sie ihre Schaftstiefel auf die vernickelte Leiste gesetzt und auf Hochglanz poliert, und über das Waschbecken gebeugt hatten sie sorgfältig und gefühlvoll jeden einzelnen Finger gebürstet, damit die Haut nach Lavendelseife roch und rosig sauber wurde ...

Mir war zum Lachen – waren sie verrückt geworden oder was? Die Schönheit der Veranden, Stuckaturen, Erker und Türmchen hatte plötzlich allen Zauber verloren. Unter der Oberfläche kroch die Mühsal von tausend Stunden schwäbischer Furcht hervor, die Sorgfalt der Bauweise wurde zur besserwisserischen Pedanterie, genährt von dem Wunsch, alles und alle, einschließlich der eigenen Person, durch und durch zu desinfizieren – als wären sie nicht imstande anders zu leben." – War denn das alles, fragt Chwins kleiner Junge auf der Suche nach seinem Troja, etwa gar nicht aus humaner Sympathie fürs Leben entstanden, sondern aus „schwäbischer" Angst, weil diese „Helgas", „Hermanns" und „Gretchens" nicht anders konnten, „denn die Deutschen mussten ja die besten sein"? War etwa dieses Streben nach dem Gelungenen und gut Gemachten, welche das polnische Vertriebenenkind aus den deutschen Spuren Danzigs überall herauslas, „nur eine Maske, unter der sich die Angst vor dem Nachbarn verbarg?" – und zuletzt wohl auch die unerhörte, desinfektorische Gründlichkeit, mit der die Nachbarn dieser gebürsteten und gescheitelten Übermenschen schließlich verdrängt und ausgerottet werden sollten? Was also um Himmels Willen sollten die Kinder der Polen, die es aus ihren verbrannten Dörfern und Städten hierher verschlagen hatte, anfangen mit all der deutschen Gediegenheit um sie herum?

EINE JUNGE Frau mit Tasche drängt sich durch die Milizkordons. Sie hat gesammelt, bei den Kolleginnen, bei den Nachbarn, sie hat ein wenig Geld zusammenbekommen, dazu Brot, Wurst, Zigaretten. Sie schlängelt sich durch die Absperrungen vor zu dem großen stählernen Tor, hinter dem die Kräne hochragen. Auf der anderen Seite Männer mit kräftigen Arbeiterhänden in blauen Kitteln. Dicht an dicht stehen sie hinter den Eisenstangen des Werkstores, müde, unrasiert, strahlend. Die Männer winken, sie halten selbst gemalte Transparente in die Kameras, strecken die Hände durch die Gitter, dorthin, wo die Frauen das Brot, die Wurst, die Zwiebeln herausholen. Auch Lucyna Kuchta öffnet jetzt ihre Tasche. Sie hat es geschafft durch die Kordons bis an das berühmte Tor 2, sie reicht ihr Brot durch die Stangen, einer der glücklichen Männer nimmt es, dankt, reicht es weiter.

Es ist Sommer im Jahr 1980. Die Arbeiter von Danzig haben die Lenin-Werft besetzt. Unter der Führung eines entlassenen Elektrikers mit dem Bild der Muttergottes am Revers, dessen Schnurrbart zu den Ikonen des 20. Jahrhunderts werden soll, hat sich die Solidarność auf den Weg gemacht, für Polen die Unabhängigkeit zu erkämpfen.

Lucyna Kuchta wusste längst, dass in ihrer Stadt das Wort „Freiheit" einen konkreteren Klang hatte, als anderswo. Zehn Jahre früher, im Dezember 1970, als schon einmal Panzer durch die Straßen gerollt waren, weil die Arbeiter hier und in der Nachbarstadt Gdingen revoltierten, war sie gerade im Vorortzug unterwegs zur Schule gewesen, als plötzlich die Türen aufgingen und jemand eine Tränengasgranate in den Wagen warf. Die Schule ist damals ausgefallen, in der ganzen Stadt hörte man Gewehrfeuer, und später erfuhr Lucyna, dass ein Junge aus den höheren Klassen erschossen worden war. Für viele Danziger, etwa den heutigen polnischen Ministerpräsidenten Donald Tusk, wie Lucyna Kuchta ein Kind der Danziger Hinterhöfe, ist der blutig niedergeworfene Arbeiteraufstand von 1970 so etwas wie ein Initiationserlebnis gewesen. Die Schulkinder von 1970 wurden die Frauen und Männer von 1980. 1989 haben sie dann unter der Führung des Mannes mit der Muttergottes das alte Regime gestürzt, und heute regieren sie die Republik Polen.

Nebenbei haben die Leute von Danzig, die Kinder der zusammengewürfelten Flüchtlinge und Abenteurer aus Wilna, Warschau und Boców, die Frage beantwortet, was mit dem Erbe dieser Feindesstadt, die sie als Ruinenfeld übernommen und dann in atemberaubend liebevoller Genauigkeit wieder aufgebaut hatten, überhaupt anzufangen sei. Die Rekonstruktion des historischen Danzig war nämlich keine Selbstverständlichkeit gewesen. Das starrende Ruinenfeld der alten Stadtmitte – nur etwas weiter außen waren noch größere Gebäudezüge intakt geblieben – bot nach dem Krieg ein Bild vollendeter Hoffnungslosigkeit. So wurde zuerst beschlossen, die Stadt als exemplarisches Ruinenfeld stehen zu lassen, damit sie späteren Generationen als Warnung diene. Später fasste man den Plan, eine sozialistische Musterstadt aus dem Boden zu stampfen, komplett mit Wolkenkratzern in Stalins Zuckerbäckerstil, doch auch dieser Plan wurde fallengelassen, weil das Geld fehlte. So setzte sich schließlich ein drittes Konzept durch: die abenteuerliche Idee, die neue polnische Stadt in einer Form wieder aufzubauen, die weitgehend mit der des alten deutsche Danzig identisch war.

Was aber tun mit dem Zwiespalt? Dem Kontrast zwischen der humanen Weichheit des Lichts, das aus den deutschen Lampen drang und dem entsetzlichen Dunkel ihrer Keller? Was tun mit der so angenehmen Sorgfalt in der Verarbeitung von Hähnen und Simsen, damit sie nicht wieder nur zur Maske jener desinfektorischen, aus tausendjähriger „schwäbischer Angst" geborenen Pedanterie wurde, die sich zuletzt als durchorganisierte Mordorgie über Europa ergossen hatte?

Die Leute von Danzig, Lech Walesa, Donald Tusk und Stefan Chwin, aber auch Lucyna Kuchta, die sich damals durch die Milizkordons schlängelte, haben die Frage beantwortet. 1970 und 1980 haben sie die „Angst" überwunden. Sie, die Vertriebenen und Überlebenden aus all den brennenden Dörfern Polens, haben damit an die humane, freiheitliche Tradition der alten Hansestadt angeknüpft, welche die Deutschen so gründlich verraten und verspielt hatten. Sie haben die Stadt, die ihnen als Trümmerfeld in den Schoß gefallen war, damit in vollem Sinn für sich gewonnen, und sie sind zu Recht ein wenig verstimmt, wenn die alten deutschen Danziger, zu Besuch aus dem Westen, sich hier allzu unbeschwert heimisch fühlen.

Die Frauen und Männer der Solidarność haben zuletzt nicht nur ihrem Land und den übrigen Völkern Mitteleuropas den Weg aus der Diktatur eröffnet. Der Aufbruch der Arbeiter von der Lenin-Werft ist auch an Ort und Stelle der Augenblick gewesen, an dem die neuen Danziger die freundliche Schönheit ihrer wieder aufgebauten Stadt von jenem zweiten Gesicht befreit haben – dem Gesicht des aus Angst genährten Herrschaftswahns, der hochmütigen Übermenschen-Akribie. Sie haben mitten in all dem Zwiespalt, mit dem das humane, das deutsche, und zuletzt das nationalsozialistische Erbe Danzigs sie umgab, mitten in der grauen Hoffnungslosigkeit der Diktatur, der Imagination der Freiheit eine Chance gegeben. Die lebendige Vorstellungskraft, unter der jenes kleine Mädchen damals so litt, hatte sich bewährt. Zuletzt haben die Leute von Danzig damit wiedergefunden, was die deutschen Herrenmenschen 1945 verloren hatten: jenen verschütteten „Schatz des Priamos", den Chwins kleiner Junge so fasziniert in den Ruinen gesucht hatte – jenes Troja, das es „nur in der Phantasie geben konnte". Sie haben dem alten Wort von der „freien Stadt Danzig" den Sinn zurückgegeben, den Hitler ihm genommen hatte.

Lucyna Kuchta wohnt übrigens schon lange nicht mehr hier. Die alten Werftanlagen liegen brach, die Kräne stehen still. Die Marktwirtschaft, die Freiheit, fordern ihren Tribut. Die Werksmauern, von denen damals im Sommer glückliche Männer in die Welt hinaus winkten, sind mit Graffiti überzogen, durch die Fenster der Werkshallen weht der Wind.

Ein Haus in Hannover

LUCYNA KUCHTA lebt heute in Hannover. Nicht lange nach jenem Danziger Sommer im Jahr 1980 hatte Kazimierz, ihr Mann, zu seiner und ihrer Überraschung festgestellt, dass er mütterlicherseits deutscher Herkunft war. Die Eltern hatten nie davon erzählt. Deutsch zu sein, war nach dem Krieg in Polen nicht ratsam gewesen. Als es dann aber doch herauskam, waren die Anträge bald gestellt, und 1986 fand sich Lucyna Kuchta samt Mann und Sohn mit Koffern und Schachteln im Fernzug wieder. Die Schäferhunde der DDR-Grenzer am Bahnhof Friedrichstraße sowie der Stacheldraht an der Eisenbahnbrücke von Ost-Berlin in den Westen waren die ersten Eindrücke, die Lucyna Kuchta von Deutschland erhielt. Wenig später kamen dann die Baracken des Durchgangslagers Friedland dazu sowie die beherrschte Enerviertheit der westdeutschen Beamten, die die Formalitäten ihrer neuen Mitbürger korrekt, aber ohne Wärme erledigten.

Lucyna Kuchta hatte die Geschichten des Großvaters unter den Apfelbäumen von Borów nicht vergessen. Sie hatte sich deshalb zunächst gegen den Umzug nach Deutschland gewehrt. Doch dann hatte der Misserfolg des Danziger Aufbruchs von 1980, das graue Elend nach dem Ende der ersten Solidarność, sowie die geduldige Mahnung des Mannes, doch an den Kleinen zu denken, die Oberhand gewonnen. Dass ihre erste Bleibe im neuen Land die Bezeichnung „Lager" trug, ließ Lucyna Kuchta schaudern.

Das Haus in Hannover, in dem sie mich mit einem dampfenden polnischen Mahl aus Hühnerbrühe, Salzkartoffeln, Möhrengemüse und selbst gemachten Buletten samt Soße empfing, ist irgendwann in den ersten Jahrzehnten der Bundesrepublik entstanden. Nicht, dass es ein bloßer Block wäre, eine gefühllose „Platte", wie man sie etwa in Ost-Berlin findet oder in den realsozialistischen Vorstädten Polens. Dieses Haus hat immerhin ein echtes Dach und für jede Wohnung einen Balkon. Mit jenem anderen deutschen Haus, dem Haus in Danzig, in dem Lucyna damals das Licht der Messinglampe so liebte, hat es trotzdem nur wenig zu tun. Seine Klinken und Schwellen, Rinnen und Geländer sind ganz anders als die Klinken und Schwellen jener Häuser, die den Dichter Stefan Chwin als Kind so zwiespältig verzaubert hatten. Lucyna Kuchtas Haus in Hannover trägt zwar ein echtes Ziegeldach über seinen vier Geschossen, es ist also keine bloße Platte, aber es hat auch nicht so eine menschenfreundliche, lichtdurchlässige Schrägung an der Straßenecke wie jenes Haus an der Ulica Twarda. Es trägt auch keine Stufen- und Schneckendekors zwischen unterteilten Kassettenfenstern, wie die Danziger Bürgerhäuser am Grünen Tor. Verzierung, verspielte Annehmlichkeit ist so undenkbar in der sachlichen Zweckmäßigkeit dieser Fassade wie eine Gefühlsregung auf den Gesichtern jener Beamten, die damals Lucyna Kuchtas Einreiseformalitäten erledigt hatten. Dafür aber gibt es hier auch keinen „Bunker" mit schrecklichen Geheimnissen, und die Keller verfügen vermutlich über eine Strom sparende Zeitschaltung für das Licht. Die Fassade dieses Nachkriegshauses strahlt nicht; sie zwinkert dem Passanten auch nicht freundlich zu wie die Renaissance-Fronten am Langen Markt. Dafür aber bröckelt auch kein Putz. Das Ganze ist tadellos rasiert und gescheitelt, wie die Gesichter der deutschen Männer, die damals, nachdem sie aus der Kriegsgefangenschaft zurückgekommen waren, ihre fremd gewordenen Kinder und Frauen zur Kenntnis nahmen, und sich dann bitter und schweigend an die Arbeit des Wiederaufbaus machten: gewaschen, gebügelt, und nur kein Sterbenswort sagen. Solide gesetzte Raster aus Senkrecht und Waagerecht, das ist das Prinzip dieses deutschen Hauses, als wäre das Millimeterpapier das einzige, was es noch gibt auf der Welt, der einzige Schutz vor jenem kleinsten Hauch von Menschsein, der alles verraten, alles verderben konnte in diesem neuen Beginn. Vor der Milchglastüre unten stehen polierte Opels und Golfs und seitab warten, jeder mit seiner Aufschrift, die Container der Mülltrennung.

In den ersten Jahren hatte Lucyna Kuchta ihren Sohn ein wenig trösten müssen, wenn er von der Schule heimkam und weinte. Doch dann ist ihr vielleicht das Wort ihres Mannes in Erinnerung gekommen, dass ja das alles, dieses Deutschland und dieses Haus, doch viel besser sei für das Kind. Es ist nicht einfach gewesen, aber auch das ist ja nun vorbei. Mittlerweile ist der Sohn erwachsen und hat eine Anstellung. Lucyna Kuchta arbeitet bei der Post, und die Familie besitzt jenen silbergrauen Passat, der im Sommer manchmal vollgepackt mit „Weißer Riese" (mit „Anti-Fleck-Effekt", zehn Prozent Gratis) sowie Pepsi-Cola in einem kleinen polnischen Dorf in seiner nagelneuen Garage steht – dort, wo früher der Großvater am Fluss saß und von den Ulanen erzählte.

Es gibt mehrere Wege, Deutschland auszuhalten, wenn man Pole ist und sein Borów in sich trägt. Der Schriftsteller Andrzej Stasiuk hat in seinem Reisebericht „Dojczland" den Weg der Volltrunkenheit vorgeschlagen. Auch seine Großmutter hatte schon an der Wand gestanden, sollte schon sterben, als der deutsche Offizier es sich, Gott weiß warum, anders überlegte, die Pistole wegsteckte und sie stehen ließ. Stasiuk hat daraus den Schluss gezogen, durch Deutschland nie ohne eine Flasche „Jim Beam" zu reisen. „In vielen deutschen Städten und Dörfern war ich betrunken. Ich war betrunken in Berlin, in Hamburg, in München, in Frankfurt am Main, in Dresden, in Leipzig, in Nürnberg, in Köln, in Bonn, in Aachen, in Düsseldorf, in Heidelberg, in Koblenz, in Mainz, in Bremen und in Wilhelmshaven oder Bremerhaven, in Kassel und in Göttingen – um nur die größeren Städte aufzuzählen. Nüchtern war ich in Hannover, in Magdeburg und wahrscheinlich in Darmstadt. Ich kann mich nicht erinnern, wo ich am betrunkensten war." Einen „osteuropäisch langen" Schluck aus der Pulle nehmen, wenn ein „Bürger mit Goldrandbrille" in der S-Bahn zu lange herüberguckt, an Hitlers Olympiastadion ein Zigeunerlied summen, sich den Berliner Hauptbahnhof geflutet vorstellen, und auf die Frage nach den deutschen Autos, die dauernd von polnischen Dieben entwendet würden, mit dem Hinweis antworten, man sei doch nicht so blöd, die weißrussischen zu stehlen – diese Flucht ins demonstrative slawische Untermenschentum ist der Weg, den Stasiuk vorschlägt. Der deutschen Maxime „Die Halter schmutziger Hunde tragen auch schmutzige Unterwäsche", angeblich geprägt im Jahre 1969 durch den Präsidenten des deutschen Hundezüchterverbandes, stellt der polnische Vagant ein geträumtes Nimmerland der seligen Verdrecktheit gegenüber: „Ich fuhr durch das Rheintal und sann über die europäische Idee nach: Sich nicht waschen, die Kleider nicht wechseln und sich frei und zu Hause fühlen ... Den lieben langen Tag in Unterhosen von vorgestern herumlaufen." – Das ist Stasiuks Vision vom „gemeinsamen europäischen Haus", die „europäische Utopie", die er, das „Kind Masowiens", Deutschlands gewaltigen Autobahnraststätten, seinen „frisch gewaschenen Bürgersteigen" und pikierten Goldrandbrillenbürgern gegenübergestellt – in Gedanken allerdings nur, denn zur realen, körperlichen Totalverkleisterung im Fußschweiß und Fingernagelschmutz der östlichen Steppen, oder auch nur zu einem kleineren Autodiebstahl ist es dann auf Dichter Stasiuks Deutschlandreise wohl doch nicht gekommen: „Als ich dann da war", gesteht sein fahrendes, saufendes Alter Ego, „gab ich klein bei. Ich kaufte mir eine Zahnbürste, Zahnpaste und Deodorant. Ich erwog den Kauf einer Unterhose und eines Unterhemds."

Lucyna Kuchta, das empfindliche Kind mit dem geschichtenreichen Großvater, hat das gegenteilige Verfahren gewählt. Als ich sie, 21 Jahre nach jener ersten Begegnung mit den kühlen Beamten von Friedland, zwischen den rechten Winkeln ihres Hauses besuchte, trug sie eine jener gesträhnten Kurzhaarfrisuren, die nach Ansicht deutscher Friseure Damen im mittleren Alter jugendlich wirken lassen. Auf der Schrankwand (Buche rustikal) lag kein Stäubchen. Die hellgraue Tapete war makellos wie am ersten Tag, und über dem Tisch hing ein Blumenstillleben. Auf den Tellern lagen gefaltete Servietten in unerbittlicher Disziplin. Keinen Millimeter, kein Staubkorn breit weichen wir zurück, war die Botschaft der Tafelordnung.

Notizen über Otto L.

Polizeivermerk über die Vernehmung der Witwe Meta L.
„Sie lebte mit ihrem Ehemann in einem sehr guten Eheverhältnis. Sie bewohnte ein eigenes Haus in Tolk. Ihr Ehemann ist immer ein fröhlicher Mensch gewesen, der auch noch auf Familienfesten getanzt habe. Er war immer „fidel und lustig". Er konnte wegen eines schweren Herzleidens in letzter Zeit keine körperlich schweren Arbeiten mehr ausführen und nahm deshalb eine Anstellung bei der Schleswag an. Er musste Zähler ablesen.

Heute Morgen habe sie ihn, wie gewöhnlich, gegen 05.50 Uhr geweckt. Sie habe dann das Kleinvieh beim Hause gefüttert. Davon sei sie gegen 06.30 wieder ins Haus gegangen. Ihr Ehemann habe vorher noch zu ihr gesagt, dass er um 09.00 in Schleswig bei der Polizei zu einer Vernehmung müsse. Den Grund habe sie nicht erfahren."

Aussage des Nachbarn Wilhelm J.
„Der Tote hing an einem Strick, der am Balken auf dem Boden des Hauses befestigt war und um den Hals des Toten in einer Schlinge lag. Neben dem Hängenden stand ein alter Stuhl."

Vermerk des Polizeimeisters K.
„Mit Hilfe des Herrn J. wurde er abgeschnitten. Er war zu der Zeit noch warm, d. h. die Leichenstarre war noch nicht eingetreten. Ein Motiv für die Tat war der Ehefrau nicht bekannt."

Aussage des Arztes Dr. S.:
„Der Tote lag bei meinem Eintreffen am 8. 1. 1965, gegen 09.00 Uhr in einem Zimmer des Wohnhauses der Fam. L. bekleidet

auf dem Rücken. Um seinen Hals befand sich eine zusammen-
gezogene Schlinge eines nassen Strickes. Der Strick wurde als
Wäscheleine benutzt. Der Knoten lag fest am oberen Halswir-
bel. Der Tote fühlte sich warm an. Alle Glieder waren frei beweglich. Äußere Verletzungen waren an der Leiche nicht fest-
stellbar. Um den Hals des Toten verlief nach Entfernen der
Schlinge eine deutlich erkennbare Strangulationsfurche. Beim
Öffnen der Schlinge war eine deutliche Luftentweichung aus
dem geöffneten Mund hörbar. Beide Enden des durchschnitte-
nen Strickes sind sichergestellt."

Volksrepublik Polen
Kommission zur Untersuchung Hitleristischer Verbrechen
Betrifft: deutsche Befriedungsaktion vom 2. Februar 1944 in
Borów und Umgebung

Zeuge Seweryn P.:
„Als ich im Keller saß, hörte ich die Schreie der Leute aus unserem Dorf, Rufe auf Deutsch und Ukrainisch und Schüsse ...
Am folgenden Tag kam L., der Verwalter des deutschen Gutes
bei Annopol mit seinen Ukrainern und ging mit ihnen durch
die Häuser. Sie nahmen, was an Inventar noch übrig war, verbrannten die Gebäude, die von der letzten Aktion noch da
waren, und töteten die verwundeten Bewohner, die sie noch
fanden."

Zeuge Teofil D.:
„Ich lag unter dem Zaun in einer Grube versteckt und sah, wie
die Deutschen auf die Leute schossen, die aus den Häusern
oder aus ihren Verstecken kamen. Sie schossen auf alle ohne
Rücksicht auf Alter und Geschlecht ... Am folgenden Tag kamen die Deutschen wieder nach Szczecyn. Sie verbrannten die
übriggebliebenen Häuser, fingen die Leute ein, die noch lebten,

und schossen auf sie. Dann nahmen sie das Vieh, das noch am Leben war, und fuhren Richtung Kraśnik ... Unter den Teilnehmern dieser Aktion bemerkte ich L. aus Annopol."

SS- und Polizeigericht VI, Krakau, 26. Juni 1943

Feldurteil in Sachen Otto L.
„Seine dienstliche Beurteilung ist außerordentlich gut. Er wird von dem SS- und Polizeiführer Lublin als bester Stützpunktleiter geschildert, der insbesondere auch auf dem Gebiete der Bandenbekämpfung hervorragende Erfolge zu verzeichnen hat."

Generalgouvernement, Gut Rachow bei Annopol, 8. November 1941

Lebenslauf des SS-Hauptscharführers Otto L.
„Am 8. Dezember 1903 wurde ich als Sohn des Landwirts Gustav L. und dessen Ehefrau Auguste geb. P. in Grapendorf Krs. Treuburg (Ostpr.) geboren. 1905 verzogen meine Eltern nach Schleswig-Holstein, woselbst ich 1910 die Bürgerschule in Kiel bis 1918 mit gutem Erfolg besuchte ...

Mit dem 31. 1. 1926 trat ich und meine am 27. 9. 1905 geborene Lebensgefährtin Maria Katharina Meta S. in die Ehe ein. Ein Sohn und ein Mädel sind bis jetzt in den Familienkreis getreten.

1927 am 1. 4. übernahm ich bei Eckernförde selbständig die Landwirtschaft ... Oktober 1930 wurde ich in die SS aufgenommen und am 1. 2. 1932 Mitglied der NSDAP. Nachdem ich 1932 im August Zellenleiter war, führte ich ab Juli 1933 den durch mich geschaffenen Stützpunkt Gosefeld der NSDAP. Dazu wurde ich 1934 zum Bürgermeister und Schulverbandsvorsteher berufen ...

Mit dem 27. 8. 1939 wurde ich dann zum Heeresdienst einberufen und durfte zum 18. 5. 1940 an der Westfront für Deutschland meinen Dienst tun.

Ich wurde vorläufig entlassen; doch am 1. 2. 1941 wurde ich auf Befehl des Reichsführers-SS nach Polen kommandiert, woselbst ich im Distrikt Lublin das Gut Rachow als SS- und Polizeistützpunkt führe und leite."

Generalmajor Odilo Globocnik
SS- und Polizeiführer im Distrikt Lublin, 19. August 1942

Beurteilung des SS-Obersturmführers Otto L.
„Der SS- und Polizeistützpunkt Rachow unter Führung des SS-Obersturmführers L. hat sich nicht nur in landwirtschaftlicher Beziehung, sondern in diesem Falle in erster Linie auch auf dem polizeilichen Sektor bewährt. Die Männer vom Stützpunkt haben
1) wiederholt Angriffe von Banditen abgewehrt, Banditen verfolgt und zur Strecke gebracht
2) es gelang dem Stützpunkt, eine Bande von 15 Mann beim Schwarzmahlen zu überraschen."
(Es folgt die Empfehlung einer „öffentlichen Belobigung im Tagesbefehl mit Vermerk in den Personalakten".)

Staatsanwaltschaft Dortmund
Strafsache Otto L.

Zeuge Stanisław P.:
„L. war der Schrecken der Einwohner von Annopol und Umgebung. Er war grausam und schoss auf die Menschen ohne jeden Anlass."

Zeuge Eugeniusz B. über ein Verhör durch den „Kommissar" Otto L.
„Als Walenty O. hergeführt wurde, ... begann der Kommissar
L. den Walenty O. zu vernehmen. Dabei schrie er ihn an und
schlug auf ihn mit den Händen und mit einem Holzstück
ein ... Nach etwa 20 Minuten Verhör ließ der Kommissar die
Ukrainer kommen und sagte ihnen etwas, was ich nicht gehört habe. Anschließend führten die Ukrainer den O. auf das
Feld des Feliks T. hinaus und dort schlugen sie ihn mit Ge-
wehrkolben tot."

Landeskriminalamt Nordrhein-Westfalen, 30. August 1979

Aussage eines SS-Mannes vom Stützpunkt Rachow bei Annopol
Otto L. „war ein sehr ehrgeiziger Mann, der gern und stets
nach „oben" angenehm auffallen wollte, war rigoros und sogar rücksichtslos. Auch war er unbeherrscht und in seinem
Zorn unberechenbar. L. ging stets etwas nach vorn gebeugt,
war etwa 1,75 m groß, schlank, trug dunkles volles Haar, ein
„Hitlerbärtchen", Schirmmütze, stets eine Pfeife im Mund,
und ständig führte er am Koppelzeug in einer Pistolentasche
seine 7,65 mm-Pistole mit und trug immer eine Reitpeitsche.
Zeitweise hatte er auch einen braunen, mittelgroßen Jagdhund mit Schlappohren, da L. oft auf Jagd ging ...
   Ich erinnere mich, dass L. einen jungen Juden in seinem
sog. Arrest hatte. An dem betreffenden Morgen teilte er ‚Alfred' und mir mit, dass heute einer erhängt würde. Ich war
erst kurz vorher vom Urlaub zurückgekehrt und wusste von
gar nichts. Eigenhändig ist L. zum ‚Arrest' gegangen und hat
den Jungen herausgeholt. Unser neuaufgebauter Pferdestall
war noch nicht ganz fertig; es fehlte noch der Dachstuhl.
Zum Stall gehörte eine große Toreinfahrt mit einem Torbal-
ken. Über diesen mußte auf Weisung von L. ein Arbeitspole
eine Schlinge werfen. Der Judenjunge musste dann auf eine

158

unter diesem ‚Galgen' stehende Erhöhung steigen und hat
sich – soweit ich mich noch erinnere – die Schlinge selbst
um den Hals gelegt. L. hat daraufhin den Gegenstand unter
dem Juden weggetreten, worauf der Jude in die Schlinge gefallen und so getötet worden ist ...

In der Ortsmitte von Annopol befand sich, wenn man
von Rachow kam, rechter Hand eine Gastwirtschaft, die von
einer gut aussehenden Polin geführt wurde, mit der L. möglicherweise ein Verhältnis hatte, da er sich dort auffallend oft
aufgehalten hat ...

L. muß auch ein Verhältnis zu einer in Annopol lebenden
Jüdin gehabt haben, die mit einer zweiten Frau dort zusammen wohnte ..."

SS- und Polizeigericht VI, Krakau 26. Juni 1943

*Feldurteil gegen Otto L. zu sechs Wochen verschärftem Stuben-
arrest wegen unerlaubten Geschlechtsverkehrs mit der polnischen
Köchin Kazimierza R.*

„Sehr bald nach ihrem Arbeitsantritt trat der Angeklagte mit
ihr in geschlechtliche Beziehungen. Seit dieser Zeit kam es
im Abstand von etwa 4-6 Wochen zum Geschlechtsverkehr ...
Der Verkehr wurde zumeist in dem Schlafzimmer des Angeklagten, aber auch zuweilen in dem Schlafzimmer der Polin
ausgeübt.

Um von der Polin loszukommen, versuchte der Angeklagte, seine Familie aus dem Reich nachkommen zu lassen.
Das Rasse- und Siedlungshauptamt genehmigte jedoch die
dauernde Nachziehung der Familie nicht, weil die Frau im
Reich die eigene Landwirtschaft weiterführen sollte. Weiterhin versuchte der Angeklagte, sich dadurch von der R. zu lösen, dass er ihr durch den Bürgermeister zu Annopol und den
Treuhänder für den jüdischen Grund- und Hausbesitz eine

Wohnung zuwies. Die Möbel wurden der Polin leihweise zur Benutzung überlassen.

Der Zeuge ... hat zu seiner Verteidigung vorgebracht, er habe sich in einer geschlechtlichen Notlage befunden ... Irgendeine seelische Verbindung habe zwischen ihm und der Polin nicht bestanden. Lediglich dadurch, dass keinerlei deutsche Frauen in der Gegend von Rachow anwesend waren, sei er zur Begehung des Ungehorsams gekommen.

Bei der Strafzumessung hat das Feldgericht weitgehend strafmildernd berücksichtigt, dass sich der Angeklagte in einer wie ihm durchaus geglaubt werden kann, sexuellen Notlage befunden hat.

Strafmildernd kam weiterhin die hervorragende dienstliche Beurteilung des Angeklagten sowie seine aufrechte Art, die auf das Feldgericht einen besonders guten Eindruck machte, hinzu. Der Angeklagte ist in Bandenkreisen als gefürchteter Gegner bekannt ... Das alles zeigt, dass es sich bei dem Angeklagten um einen SS-Führer handelt, der im allgemeinen in seiner Gesinnung und weltanschaulichen Ausrichtung als einwandfrei und vorbildlich bezeichnet werden kann.

Weiterhin musste auch strafschärfend berücksichtigt werden, dass die Polin R. vom rassischen Standpunkt einen äußerst ungünstigen Eindruck machte, so dass die Haltung des Angeklagten doppelt unverständlich scheint."

Landeskriminalamt Nordrhein-Westfalen, 30. August 1979

Aussage eines SS-Mannes vom Stützpunkt Rachow bei Annopol
... eine „kleine, blonde, dralle polnische Köchin, die mit L. ein damals verbotenes Verhältnis hatte. Beide besuchten sich gegenseitig in ihren Zimmern und L. hat sie sogar besser behandelt als ‚Alfred' und mich ...“

Zentralstelle für die Bearbeitung von nationalsozialistischen
Massenverbrechen
Staatsanwaltschaft Dortmund, 1. Juni 1983

Zusammenfassung
„Darüber hinaus soll L. ... an einer Massenerschießung durch
Angehörige der Sicherheitspolizei und des SD ... und im Fe-
bruar 1944 an sogenannten Befriedungsaktionen gegen meh-
rere Ortschaften des Kreises Kraśnik durch die letztgenannte
Einheit teilgenommen haben."

Aussage des SS-Mannes Maximilian B. über die Erschießung von
mehreren hundert Juden in einer Kiesgrube bei Annopol
„Auch hier ging alles korrekt zu. Die Opfer mussten sich
schichtweise nebeneinanderlegen. Wenn eine Lage voll war,
dann gingen die Schützen hin und feuerten auf Befehl mit ihren MP in die Grube hinein und töteten so ihre Opfer. Sodann
legten sich die nächsten Delinquenten nebeneinander auf die
Leichen ihrer Vorgänger und der Vorgang wiederholte sich."

Aussage des SS-Mannes Lorenz D. zum gleichen Thema
„Die Juden mussten dann durch das Spalier zu Fuß zur Er-
schießungsstelle gehen, wo sie von SS-Leuten empfangen
wurden. An der Kiesgrube war bereits eine Grube vorbereitet.
Dicht daneben befand sich eine Bodenvertiefung, wo sie sich
nackt ausziehen mussten. Ich befand mich zuerst innerhalb
des Spaliers in der Nähe der Baracke und begab mich dann,
nachdem die Juden zur Kiesgrube gebracht worden waren,
ebenfalls dorthin. Bei den Delinquenten handelte es sich um
Frauen, Männer und Kinder jeglichen Alters ... Die Juden
mussten dann nackt in die Grube steigen und wurden von
den SS-Leuten mit den Maschinenpistolen mit Einzel- und
Dauerfeuer erschossen."

Staatsanwaltschaft Dortmund, Strafsache gegen Otto L.

Aussage der Zeugin Stefania G. über die Erschießung von mehre-
ren hundert Juden in einer Kiesgrube bei Annopol
„Zum Schluss brachte L. mit einem Fahrzeug eine Jüdin mit
Kind zu der Exekutionsstelle, die bei ihm als Schneiderin eine
längere Zeit gearbeitet hatte."

Aussage des SS-Angehörigen Josef K. zum gleichen Thema
„Ich hörte auch, dass eine Berliner Schneiderin als letzte erschossen wurde, die man noch nachträglich mit dem Kübel-
wagen holte."

Landeskriminalamt Nordrhein-Westfalen, 30. August 1979

Ein SS-Mann kommentiert Gerüchte, nach denen Otto L. seine jü-
dische Geliebte von Hunden zerreißen ließ:
„... muss ich zugeben, dass ich L. durchaus ein solches Verhalten zutraue, da er – wie gesagt – in seinem Hass grenzen-
los und in seiner Wut unbeherrscht und unberechenbar
war."

Staatsanwaltschaft Dortmund, Strafsache gegen Otto L.

Vernehmung der Waltraud S., Tochter des Otto L., nach dem Tod
ihres Vaters
„Sie erklärte auf Befragen, dass ihr Vater am 8. 1. 1965 in seiner Wohnung in Tolk, Krs. Schleswig, Freitod durch Erhängen
begangen habe, nachdem er am Vortag eine Vorladung der
Kriminalpolizei Schleswig erhalten hatte.
    Frau S. erklärte ganz offen, dass ihr Vater offensichtlich
den Freitod gesucht hatte, um ein Strafverfahren wegen seiner Tätigkeit im damaligen Generalgouvernement zu vermei-

den. Frau S. bat, nicht an ihre Mutter heranzutreten, da diese schwer nervenleidend sei und noch unter dem Eindruck des Ablebens ihres Ehemannes stehe."

Kriminalpolizei Schleswig

Aussage des Kriminalmeisters H. über den Tod des Otto L.
„Herr H. sagte, dass es in Tolk ein offenes Geheimnis war, dass L. wegen seiner dienstlichen Tätigkeit in Polen ein Strafverfahren befürchtete."

Polizeiposten Tolk

Vermerk über Missverständnis bei der Vorladung des Otto L. zu einer Vernehmung:
Bei der Vorladung „wurde nicht übermittelt, dass L. wegen einer Brandsache als Zeuge aussagen sollte. L. war offensichtlich in dem Glauben, dass eine Vernehmung in NS-Sachen bevorstehen würde. Er hat am Morgen vor der Vernehmung Freitod durch Erhängen verübt."

Amtsgericht Hamburg, 3. Mai 1965

Haftbefehl gegen Otto L., ergangen fünf Monate nach dessen Tod:
„Otto L. ist verdächtig:

Den Juden Fajwel B. erschossen zu haben, nachdem er ihn mit einem in das Gesicht gezielten Peitschenhieb zu Fall gebracht hatte.

Vom Pferd aus überraschend und ohne ersichtlichen Anlass den mit dem Gebetsbuch zur Synagoge gehenden Juden M. erschossen zu haben.

Den 16- bis 17-jährigen Mordechai L. dadurch grausam getötet zu haben, dass er ihn an den Händen aufhängen ließ.

Den jüdischen Wachtposten Eisik (Ajzyk) M. wegen Verlassen des Wachtpostens erschossen zu haben.

25 Juden, die nach der Eroberung des Lagers Janiszow durch Partisanen freiwillig zu der Firma Beikler gekommen und von dem Beschuldigten in Goscieradow untergebracht worden waren, ohne weiteren Anlass auf dem Friedhof erschießen lassen zu haben."

Staatsanwaltschaft Dortmund
Zentralstelle für die Bearbeitung von nationalsozialistischen Massenverbrechen

Vermerk vom 1. Juni 1983
„Das Verfahren gegen L. hat sich durch dessen Tod erledigt."

Die hier verwendeten Materialien stammen aus den Akten der Staatsanwaltschaft Dortmund, Strafsache gegen Otto L. und Andere, sowie vom Institut für Nationales Gedenken (IPN) in Lublin, Polen.

Die Geschichte vom Soldaten aus Westfalen

EIN HIMBEERROTER Triebwagen gleitet übers Gleis. Der Motor surrt diskret, die Türen sind komfortabel tief gelegt für die älteren Leute. Die Landschaft draußen zieht lautlos vorbei, weit und offen, nur leicht gewellt; auf den abgeernteten Feldern liegen mächtige plastikumhüllte Strohballen, exakt gezirkelt wie konstruktivistische Skulpturen – die maschinellen Nachfolger des Heuschobers von früher. Im Wagen, der zwar an seiner himbeerroten Außenhaut von Graffiti überzogen ist, im Inneren aber gewischt und desinfiziert wirkt, unterbrechen nur die rhythmischen, durch die Gummidämmung des Kopfhörers auf ein trockenes Rattern reduzierten Töne aus einem iPod die Stille, manchmal angereichert von Wortfetzen von der Sitzbank nebenan, wo zwei dunkelhäutige Männer sich leise französisch unterhalten.

Wir sind wieder in Deutschland. Von Borów aus haben wir die nördliche Straße genommen, vorbei an den Lattenzäunen der Dörfer, an den bunten Bändern der Wegkreuze und den Buden der Kreisstadt Annopol, dann über die Weichselbrücke und Stunde um Stunde weiter, über immer wieder erneuerte und immer wieder zerfallende, von ukrainischen Fernlastern verstopfte Landstraßen, durch die ewiggleichen, im Dieselqualm ergrauten Kleinstädte der polnischen Provinz nach Norden, bis am Abendhimmel die Wolkenkratzer von Warschau leuchteten. Im Bratfettdunst der Tiefgeschosse von „Warszawa Centralna" haben wir den Express nach Berlin genommen, durch die ewigen Ebenen Masowiens nach Westen, dann über die ratternde Grenzbrücke zwischen dem alten Zigarettenhändlerparadies Slubice und Frankfurt an der Oder, und von dort weiter in die Glas- und Stahlwelten des Berliner Hauptbahnhofs, dieser die unteren Welten mit den oberen verbindenden Cheopspyramide der postmodernen Bundesrepublik. Von dort ist es dann im ICE nur noch ein Sprung gewesen bis nach Hamm in Westfalen, wo schon der himbeerrote Triebwagen bereitstand, diskret surrend und komfortabel tief gelegt für die alten Leute.

Angefangen hatte die Reise mit einer Borówer Geschichte. Ich hatte sie zum ersten Mal im Haus des alten Stanisław Kamecki gehört, des Partisanen, dessen Enkel gerade Hochzeit hatte, des Mannes mit dem Kätzchen auf dem Schoß. Das Schiffchen war durch den Webstuhl geflogen, und im Rhythmus der Handkante, die auf dem Tisch den Takt schlug, sowie der Stockspitze, die am Boden metallisch sekundierte, im dichter werdenden Geruch aufgewühlter Menschen, war das Gewebe der Erzählungen von Borów zum ersten Mal vor meinen Augen entstanden. Damals hörte ich zum ersten Mal die Geschichte vom Soldaten aus Westfalen. Mutter Stanisława hatte sie erzählt, dann auch Mieczysław Stępień, der alte Bär, der aus seinem Witwerhaus herübergekommen war.

An dieser Stelle ist eine Anmerkung notwendig. Ich habe in meinen Gesprächen an den Kachelöfen und unter den Obstbäumen von Borów unterschiedliche Arten des Erzählens erlebt. Manchmal durchforschte ein alter Mann, eine alte Frau mit quälender Sorgfalt ihr Gedächtnis, machte Notizen beim Sprechen, schlug wie Marianna Goleń die Hand vor den Mund, wenn am Ende die rechte Genauigkeit des Erinnerungsbildes nicht mehr eintreten wollte. In anderen Fällen sprudelten die Geschichten mit großer Geläufigkeit, mit dramatischer Steigerung und effektvoller Pointe in Rede und Gegenrede als kollektive Erzählung hervor. Es waren dies die Geschichten, die ich als die „Legenden von Borów" beschreiben möchte. Legenden nicht in dem Sinn, dass sie etwa nicht wahr wären, sondern in dem, dass sie, erzählt und wiedererzählt, zu Gemeingut geworden sind, zu archetypischen Erzählungen, deren Gestalten und Hergang jeder kennt, während der Überlieferungsweg langsam zuwächst.

Diese Erzählungen kursieren oft in mehreren Varianten. Wenn, etwa in der Küche des alten Kamecki, die Sprache auf die Vergangenheit kommt, beginnen die Köpfe zu nicken, der Takt der Stockspitze beginnt zu schlagen, eine zweite Stimme fällt ein, eine dritte. Bei manchen dieser Narrationen sind schon Versfassungen im Umlauf, einfach und gerade erzählende kurze Epen anonymer Autoren, die konzentriert und mit treffendem Rhythmus die Geschichte des großen Feuers von Borów erzählen. Meist beginnen diese Erzählgedichte mit eröffnenden Versen wie „Zur heiligen Lichtmess in Borów", und führen dann über dramatisch mythologisierende Zeilen wie „Selbst Christus am Kreuze konnte / Die Mörder zur Gnade nicht rühren" zum großen Fazit aller verbrannten Dörfer dieser Erde: „Der Schmerz aber will nicht mehr enden ..."

Mehrmals habe ich diese kurzen Versepen in Borów gehört. Janina Sękala, verheiratete Łopion, dieselbe, welche die Knie des Mannes mit dem verletzten Gesicht beben spürte, als sie seine Beine umfasste, hat, auf der Vortreppe ihres hölzernen Hauses sitzend, mit durchgedrücktem Rücken unter den Augen ihres deutschen Schäferhundes eine der umlaufenden Varianten aus dem Gedächtnis vorgetragen, bevor sie nicht mehr weitererzählen wollte und nur noch mit der Spitze des Gehstocks eine 18 in den Staub schrieb – ihr Alter in dem Jahr, als die Deutschen kamen. Auch der Witwer Stępień hat ohne Zögern zu deklamieren begonnen, als ich ihn unter dem Vordach seines Hauses darum bat – fehlerfrei, mit präzisen Akzenten und bedeutungsvoll gedehnten Vokalen. Von Andrzej, dem Mann mit dem Mercedes, habe ich ein fotokopiertes Exemplar des Textes erhalten.

Eine dieser Legenden nun ist die Geschichte vom Soldaten aus Westfalen. Zum ersten mal habe ich sie, wie gesagt, unter allgemeinem Nicken im Hause des alten Kamecki gehört, dann noch mehrmals in anderen Häusern, zuletzt am Herd von Jan Dubrowski, der damals der Orgel lauschte.

Und dies ist der Hergang der Legende, erzählt in der Version des Mieczysław Stępień:

Es ist der Vormittag des Lichtmesstages. Der Angriff auf Borów hat begonnen. Im Hause Sękala, dem Elternhaus der Janina Sękala (derselben, welche die Knie des Soldaten umfasste), ist ein Trupp deutscher Soldaten in die Küche gestürmt. Einer hat die Mutter am Arm gepackt, Maria Sękala, deren Foto – ernst, mit hohen Wangenknochen und auffallend umschatteten Augen – wir schon aus dem Fotoalbum der Tochter kennen. Jetzt ruft er etwas, fordert etwas, schüttelt die Frau. „Banditen", schreit der Soldat, und noch einmal „Banditen".

Die Mutter ahnt: Der Mann will wissen, wo die Männer sind. Sie greift in die Schürze, holt einen Brief heraus, einen Brief von ihrem Mann, jenem Antoni Sękala mit den schmalen, eng geschlossenen Lippen, und dem akkurat nach hinten gekämmten Haar, der auf jenem Foto aus dem Album vor der ungewöhnlichen steinernen Hauswand neben ihr sitzt. Ihr Mann ist nicht da. Bei der großen „Lapanka", der Menschenjagd vom letzten Juli, haben sie ihn mitgenommen, schon seit einem halben Jahr schuftet er als Zwangsarbeiter irgendwo in Deutschland „beim Bauern".

Der Soldat schüttelt und schreit. Die Mutter holt den Brief heraus, hält ihn dem Deutschen vor das Gesicht, will, dass er liest, dass er kapiert, dass er am Absender erkennt, dass es hier längst keinen Mann mehr gibt, dass der Mann in Deutschland ist, wie es sich gehört, dass er arbeitet für den Endsieg. Der Soldat will nicht lesen, brüllt immer noch. Die Mutter wedelt weiter verzweifelt mit dem Brief, und Mieczysław Stępień, unser Chronist, wedelt mit, während er erzählt. Schließlich liest der Deutsche dann doch – und (wir sind am Kulminationspunkt der Geschichte) er stutzt. Er hält inne. Sein Griff löst sich, er liest die Adresse noch mal, dann sagt er: „Das ist meine Adresse ... Das ist die Adresse meines Vaters ... Dieser Mann, dein Antoni, arbeitet bei mir zu Hause, bei meinem Vater in Westfalen".

Der Soldat hat das Haus an diesem Tag nicht verbrannt, und er hat die Leute im Haus nicht ermordet. Mieczysław Stępień erzählt, er habe mit weißer Farbe etwas auf das Haus malen lassen, irgendein Wort, welches den anderen, den Mördern, signalisierte: Haltet ein. Später, nach dem Fall des Reiches, habe der Zwangsarbeiter Antoni dann auf jenem Hof in Westfalen den deutschen Soldaten, der wie er den Krieg überlebt hatte, persönlich kennengelernt, und von ihm erfahren, dass seine Familie im Brand von Borów am Leben geblieben war; er sei zurückgekehrt und habe sich wieder im Dorf angesiedelt.

Das alles aber habe Maria Sękala, Antonis Frau, dem Erzähler, dem Witwer Mieczysław, später persönlich berichtet, ebenso wie die beiden Schwestern Waligura, jene Vertriebenen aus dem gewaltsam germanisierten „Warthegau", die damals bei den Sękalas einquartiert waren. Die Schwestern waren dabei in jenem Moment in der Küche, und Dank ihrer Herkunft aus der Posener Gegend verstanden sie, was der Deutsche sagte. Der Ruf des Soldaten aber, „Westfalen, Westfalen", hat seither einen festen Platz in den Geschichten von Borów.

SIEBENUNDSECHZIG JAHRE später ist von dem Hof, auf dessen Wand der Deutsche damals in weißen Buchstaben etwas schrieb, nicht mehr viel zu sehen. Die Familie ist in ein neues Haus gezogen, und den Platz, wo sich damals die Szene mit dem Brief abgespielt hat, verrät nur noch ein dichtes Haselgebüsch, überschattet von zwei ineinander verwachsenen Bäumen, einer Akazie und einer wilden Sauerkirsche, wohlverwurzelt im tiefen, ruinenreichen Boden. Nebenan ist noch der Rest jener auffälligen rot-weiß gemauerten Wand zu sehen, vor der Vater und Mutter Sękala damals für den Fotografen posierten. Das Mauerwerk ist eingefallen. Brennnessel, Holunder und Wildrose verrichten ihr geduldiges Werk, grüne Fliegen summen in der Mittagshitze.

Janina Sękala, verheiratete Łopion, hat den Bericht des Witwers Stępień von der Rettung ihrer Mutter allerdings nur zum Teil bestätigt. Sie legt ihr Zeugnis schon deshalb nur mit größter Vorsicht ab, weil sie selbst nicht im Haus war, als die Deutschen kamen, sondern in der Kirche, und weil sie deshalb nur das weiß, was ihre Mutter ihr später erzählt hat. Außerdem war bei unseren Gesprächen erkennbar, wie sie nach einem offenen Anfang im Verlauf ihres Berichtes begann, meinen Fragen auszuweichen, wohl weil die Erinnerung sie so schmerzte. Bei meinem letzten Besuch hat sie dann gar nicht mehr sprechen wollen und mit ihrem Stock nur noch jene 18 in den Hofstaub geschrieben, die Zahl ihres Alters am Tag der „Befriedung".

Dann aber hat sich die alte Frau doch einen Ruck gegeben, und immerhin noch bestätigt, dass nach der Erzählung ihrer Mutter jener Soldat tatsächlich bestimmte Papiere auf dem Tisch gefunden hatte, aus denen der Aufenthalt des Vaters in Deutschland hervorging. Er habe die Unterlagen angesehen und das Haus verschont. Den dramatischen Höhepunkt der Geschichte vom Soldaten aus Westfalen kann Janina Sękala allerdings nicht bestätigen. In der Erzählung, die sie in Erinnerung hat, ist das zentrale Detail vom wiedererkannten Vaterhof nicht enthalten. Warum also wollte der Soldat nicht schießen, wie alle anderen? Janina Sękala weiß es einfach nicht. Sie weiß nur dies eine, dass der Deutsche Haus und Bewohner verschonte, nachdem er die Papiere gesehen hatte. Was er dabei sagte, hat die Mutter ihr offenbar nicht überliefert. Allerdings bestätigt auch Janina, dass in diesen endlosen Sekunden der Entscheidung, als der Soldat brüllte und die Mutter mit den Papieren fuchtelte, ein ganz bestimmtes Wort gefallen sei: „Westfalen".

DER HIMBEERROTE Zug hat lautlos gehalten. Westfalen, Bad Sassendorf. Etwas abseits vom Stadtkern liegt Enkesen im Klei, ein winziger Weiler draußen vor den Toren. In satten, ausgewogenen Karos liegen die Äcker beieinander, die regelmäßigen Wendeschleifen der Trecker säumen ihre Ränder wie die Häkelmuster einer ins Riesige angewachsenen deutschen Hausfrau. Die Äcker von Enkesen sind nicht lang und schmal wie damals die in Borów, und sie greifen auch nicht als Parkettmuster ineinander. Statt dessen liegen sie sauber

und quadratisch nebeneinander, wie Felder eines Schach-
bretts. Die alten Höfe, mächtige Karrees aus roten Ziegeln,
Grünsandstein und einem ebenfalls rechtwinklig gehaltenen,
sachlichen Fachwerk, tragen seit einigen Jahren Solaranlagen
auf den ausladenden Dächern, und am Rand des Dorfes sind
ein paar neue Zeilen entstanden, kompakte Einfamilienhäuser für die Pendler aus Soest oder Dortmund, komplett mit
gestutzter Hecke, asphaltierter Zufahrt und elektrischem Ga-
ragentor. Vier Straßen führen in die Welt: Eine nach Nordwes-
ten, ins Zentrum von Bad Sassendorf mit seinem Bahnhof
und seinen Kurkliniken, je einen nach Süden und Südosten,
nach Neuen- und Altengesecke, und schließlich eine nach
Nordosten, nach Seringhausen, die allerdings nicht wirklich
zählt, denn sie ist eher ein Feldweg als eine Straße. Auch das
dröhnende Betonband hundert Meter nördlich des Dorfes, die
Autobahn zum Ruhrgebiet, kann man eigentlich nicht mit-
rechnen; da diese Straße in Enkesen im Klei weder Zu- noch
Ausfahrt besitzt, ist sie für die Leute praktisch nicht existent,
und ihr konstantes Vibrieren ist längst in die unbewussten
Schichten der Wahrnehmung abgesunken. Am Horizont drehen sich Windräder, die neuen Wahrzeichen der deutschen
Landschaft.

Es hat eine blasse, doch wahrnehmbare Spur hierher geführt. In Borów hatte Janina Sękala noch zwei Papiere hervorgeholt, bevor sie verstummte. Das erste, auf rosa Karton ausgestellt und versehen mit dem Passbild eines ernsten Mannes
mit fest verschlossenen Lippen, war der polnische Behelfsaus-
weis eines gewissen Antoni Sękala aus Borów, der am 27. Oktober 1945 den polnischen Behörden im eroberten Stettin seine
Ankunft aus Deutschland gemeldet hatte. Das zweite Dokument, ausgestellt am sechsten Mai 1952, ist ein in sorgfältig geschwungener Handschrift ausgefüllter Passantrag desselben
Antoni Sękala, gerichtet an das Passamt in Kraśnik, Wojewod-

schaft Lublin. Auf der Rückseite gibt der Antragsteller an, die „Zeit der Besatzung" habe er zwischen 1943 und 1945 in „Deutschland, Sasendorf" verbracht.

Es gibt kein Sasendorf in Deutschland, aber es gibt ein Bad Sassendorf, und im Gemeindeamt, einem sachlichen Betonbau der siebziger Jahre, steigt ein Mann in den Keller. Herr G., ein freundlicher älterer Herr mit roten Äderchen auf den Wangen, ist mittlerweile pensioniert. Auf dem Kriegerdenkmal nahe am Bahnhof steht der Name seines Vaters, gestorben im Oktober 1945 in Kriegsgefangenschaft, und seines Schwiegervaters, gefallen im August 1944 als Panzerkommandant. Vierzig Jahre hat Herr G. im Meldeamt gearbeitet, jetzt ordnet er zu Hause alte Fotos und verwahrt unter Reiseandenken aus Paris, Ibiza und Horumersiel einen prachtvollen alten Bildband unter dem Titel: „Männer im Dritten Reich". Damals, in den dreißiger Jahren konnte man die Illustrationen, kolorierte Portraits der deutschen Führung von Hitler („Der Führer") bis Hindenburg („Der getreue Ekkehard"), als Beilage zu Zigarettenpackungen sammeln und in die vorgedruckten, in schöner Fraktur gehaltenen Seiten des Bandes einkleben. Kein Bild fehlt in diesem Buch; Bad Sassendorf hat nicht gebrannt.

Jetzt also ist Herr G. hinuntergestiegen in den Keller seines Meldeamtes, zu den alten Registerkästen, die zwar längst nicht mehr in Gebrauch sind, seit ein Computer hier alles verwaltet, die aber in ihrer unverbrüchlichen Ordnung – blauer Karton für Frauen, weiß für Männer, mit jeweils farbigen Reitern für ledig, verheiratet, verwitwet und geschieden, dem Kundigen wie eh und je zur Verfügung stehen.

Hier ist dann die Spur des Antoni Sękala, des Zwangsarbeiters aus Polen, wieder aufgetaucht. Die Leute in Borów erinnern sich, dass er im Juli 1943 bei einer „Łapanka" eingefangen worden war, einer jener Menschenjagden, welche die Deutschen veranstalteten, um Geiseln für ihre Erschießungen zu fangen, aber auch Sklaven für die Rüstungsbetriebe des Reiches, sowie für die die Bauernhöfe, deren Männer an der Front standen.

Die Lehrerin Maria Zadło, deren Vater damals ebenfalls gefangen wurde, berichtet, dass die Festgenommenen, also vermutlich auch Antoni Sękala, zunächst in jenes Arbeitslager Kraśnik kamen, in dem der deutsche Unterscharführer mit seinen Männern es sich damals, nach jener Exekution, gemütlich gemacht hatte. Der Vater der Lehrerin war damals mit dabei, konnte aber in der Dunkelheit vom Güterzug springen, als der Weitertransport begann. Er hat überlebt, obwohl er beim Sprung eine Maschinengewehrkugel in den Bauch bekam. Seine damalige Familie dagegen, seine Frau und zwei kleine Töchter, starben acht Monate später, als Borów brannte. Er hat danach dann wieder geheiratet, und die Lehrerin, Kind dieser zweiten Ehe, erfuhr erst spät, dass zwei kleine Schwestern draußen vor dem Dorf im Massengrab lagen. In ihrer Kindheit hat sie oft den Blasebalg jener vergoldeten Orgel bedient, an welcher der Deutsche damals für die Toten spielte.

Antoni, der Vater der Janina Sękala jedenfalls ist wohl Ende Juli 1943 in Enkesen angekommen, dem Weiler mit den vier Wegen bei Bad Sassendorf. Die Karteikarte, die der sorgfältige Herr G. im Keller vorgefunden hat, verzeichnet – abermals in geschwungener Handschrift – für den 30. Juli 1943 die Ankunft eines „Anton Senkalia" aus „Borow, Krs. Krasnik", wobei der fremdartige Name vom zuständigen Beamten mehrmals in verschiedenen Varianten geschrieben, durchgestrichen und dann wieder neu geschrieben wurde. Meldeadresse: Bauer Heinrich Varnholt, Enkesen 11.

Vor der Einfahrt haben wir haltgemacht. Der alte Hof, im Familienbesitz seit dem achtzehnten Jahrhundert, wird mittlerweile von einem Enkel jenes Bauern Heinrich geführt, bei dem der „Fremdarbeiter" Antoni damals diente. Das burgartige Karree aus Wirtschafts- und Wohngebäuden ist nach dem

Krieg zum Teil abgebrannt und wieder errichtet worden, und auch das Wohnhaus ist mittlerweile erneuert, wenn auch im alten Stil mit einer Fassade aus Klinkersteinen und nüchternrechtwinkligem Fachwerk. Die Zeit hat vieles verändert seit damals. Wer nicht wuchs, musste weichen, und so ist in den Jahrzehnten, seit Antoni Sękala hier war, der Schweinebestand der Varnholts von vielleicht vierzig auf 1500 gewachsen, während die Zahl der Höfe in Enkesen von damals acht oder neun auf fünf gesunken ist.

Ist dies also das Haus jenes „Soldaten aus Westfalen", von dem tausend Kilometer weiter östlich eine Dorfgeschichte erzählt? Ist dies die Heimat des Mannes, dem eine verzweifelte Frau damals eine Adresse vor die Augen hielt, die er als die seine erkannte, worauf er zum Schutz des Hauses Lettern an die Türe schreiben ließ, wie damals die Israeliten, als der Würgeengel umging?

„JA", SAGT ein alter Mann. „Ja. – Jawohl. Sicherlich." Otto Varnholt, der Soldat aus Westfalen ist ein freundlicher alter Mann in Filzpantoffeln. Mit seinem neugierigen, kindlichen Gesicht und seinen immer ein wenig erstaunt blickenden hellblauen Augen sitzt er im Rollstuhl und versucht, vergilbten Papierfetzen eine Ordnung zurückzugeben, die sie einmal wohl gehabt haben müssen. „Ja ja ja" sagt er, wenn die zerschlissenen Seiten seines alten Soldbuchs nicht zusammenpassen wollen. „Junge, Junge ... – Komisch, nicht?" Seine Frau, eine achtsame Dame mit Silberhaar, hat ihm in die Pantoffeln geholfen, in Wollsocken und Strickjacke, und in die saubere Trainingshose. „Das sagt er jetzt öfter in letzter Zeit", erläutert sie entschuldigend: „– Komisch ..." Wohnzimmer Eiche Rustikal.

Der alte Bauer Heinrich, bei dem Antoni Sękala damals diente, hatte zwei Söhne: Heinrich und Otto. Beide waren im Krieg, beide bei der Wehrmacht, beide haben überlebt. Wer von ihnen mag also der Soldat gewesen sein, der damals in der Küche die Frau an den Schultern packte, sie schüttelte und schrie, und der dann nicht schoss, als er jenen Brief sah? – Heinrich junior, der später den Hof erbte, kann es kaum gewesen sein. Er lebt nicht mehr, aber seine überlieferten Kriegserinnerungen zeigen, dass er vor allem in Zentralrussland kämpfte, und, als alles zu Ende ging, entlang der Ostseeküste durch Ostpreußen und Pommern zurückkehrte. Bei Otto dagegen, dem Jüngeren, liegen die Dinge anders. Er diente als Pionier am südlichen Abschnitt der Ostfront. Seine Einheit, die Panzergrenadierdivision 16, stieß in Russland bis zur Kalmückensteppe vor und wurde schließlich auf dem Rückzug aufgerieben. Im Februar 1944, als Boróv brannte, kämpfte sie nach Auskunft des Militärgeschichtlichen Forschungsamtes in Potsdam vermutlich bei Nikolajewka in der Ukraine.

Das wären immer noch mehrere hundert Kilometer von Polen entfernt. Allerdings spricht vieles dafür, dass Otto Varnholt, der Sohn des Bauern Heinrich, am Tag, als Boróv brannte, nicht in der Ukraine bei seiner Einheit war. Sein ansonsten sorgfältig in blauer Tinte und steiler Sütterlin-Schrift geführtes Kriegstagebuch, auf der ersten Seite geschmückt mit einem eigenhändig kalligrafierten Eid auf Adolf Hitler, weist für die Zeit des Angriffes auf Boróv zwar eine mehrere Wochen lange Lücke auf. Die Einträge davor und danach aber zeugen von diversen Offizierslehrgängen, unter anderem in Dessau-Rosslau an der Elbe, und in seinem zerschlissenen Soldbuch ist zwischen dem 21. und dem 25. Januar 1944, also wenige Tage vor dem Untergang von Boróv, ein Heimaturlaub verzeichnet. Otto Varnholt ist also in dieser Zeit viel unterwegs gewesen zwischen Ost und West; das besetzte Polen lag auf halbem Wege zwischen seiner Einheit in der Ukraine und Deutschland, und es ist nicht auszuschließen, dass er sich an jenen Tagen, als Wehrmacht, SS und Polizei gerade alle verfügbaren Kräfte zu jener mörderischen „Befriedungsaktion" zusammenzogen, zufällig gerade auf der Durchreise im „Distrikt Lublin" befand.

Jetzt hat ein alter Mann sich auf den Weg gemacht, hoch zum ersten Stock seines Hauses. Eine sorgfältige alte Dame mit Silberhaar hat ihm in den Sitzaufzug geholfen, jetzt fährt die Maschine ihn surrend hinauf, folgt der Kurve der Stiegen, passiert im Treppenhaus alte Bilder und neue, den Schwiegervater in Husarenuniform (er fiel im Ersten Weltkrieg), den Enkelsohn im Dienstanzug der Bundeswehr, bis wir das obere Zimmer erreicht haben, das Zimmer des alten Soldaten, dessen Regale und Schubladen mit Atlanten gefüllt sind, mit Enzyklopädien und Kriegsbüchern, Zinntellern und Segenssprüchen, Globen, Alben, Bleistiftspitzern.

Vor dem Soldaten liegt auf der Tischplatte ein Bild des Zwangsarbeiters Antoni, jenes Passbild auf rosa Karton, dass ich aus Borów mitgebracht habe. Erkennt er ihn wieder? In den Erinnerungen der Alten von Enkesen sind die Spuren der „Fremdarbeiter" aus Kriegszeiten deutlich erhalten. Die Nachbarin Ingeborg Winkler berichtet in der kürzlich herausgegebenen Chronik des Dorfes von den „Polenmädchen", die nach dem Einmarsch der Amerikaner im April 1945 mit den Siegern „feierten", nicht ohne den Eroberern treuloserweise von den „versteckten Vorräten" an Wein und Schnaps zu erzählen, die in den Kellern lagerten. „Die Amerikaner bedrohten uns mit Dolchen und Gewehren, so dass wir ihnen den guten Wein überließen. Anschließend gingen sie in unsere guten Zimmer und tranken dort weiter." Vom Bauern Heinrich Varnholt, dem Vater des Soldaten, ist in derselben Chronik überliefert, die „fünf fremdländischen Arbeiter" auf seinem Hof – einer von ihnen wohl Antoni aus Borów – hätten von den Amerikanern „Zigaretten und Bonbons und Alkohol" bekommen. „Da wir mit den Leuten gut umgegangen waren, sagten sie gut für uns aus".

176

Durch seine dünnrandige Brille mustert der alte Soldat neugierig das Bild des Mannes mit den eng geschlossenen Lippen und dem sorgsam zurückgekämmten Haar. Antoni hat also „gut ausgesagt" für die Familie des Deutschen, und der Deutsche wiederum hat nach einer Dorfgeschichte aus der Wojewodschaft Lublin Antonis Familie am Leben gelassen, als alle anderen sterben mussten. Erkennt Otto Varnholt ihn wieder, den Polen Antoni, der längst nicht mehr lebt? ... „Nein ..." sagt er schließlich in einem Anflug von Traurigkeit, „Nein ...". Dann lächelt er, seine hellblauen Augen blitzen verschmitzt über den Brillenrand, und fröhlich fügt er hinzu: „Ja. Jawohl. Sicherlich, sicherlich".

Die Alben des alten Mannes zeigen salutierende Wehrmachtsangehörige, Postkarten vom Arbeitszimmer des Führers und vom Olympiagelände in Berlin. Otto Varnholt war zwölf, als die Nazis die Olympischen Spiele zur Leistungsschau des Herrenmenschen machten; das Album zeigt Pimpfe mit Lederknoten und blonden Scheiteln, Jungen mit nacktem Oberkörper beim Ernteeinsatz oder beim Fußballspiel. „Ein Tor für die Siegreichen" steht sorgsam kalligrafiert über einem feinen Linealstrich. Man spielte Fußball damals, wie immer, aber man spielte auch Bedenklicheres. Der alte Bauer Heinrich berichtet in seinen Erinnerungen von den „Streichen" der Jungen bei den „Geländespielen und Zeltlagern des Jungvolks": „So kletterten sie in die Tannen am Flugplatz und banden die Jungtauben in den Nestern an. Nach guter Fütterung in den Nestern durch die Eltern sammelten sie die jungen Tauben ein und schlachteten sie".

1941, mit siebzehn Jahren, hat der Hitlerjunge Otto Varnholt sich freiwillig zur Wehrmacht gemeldet. Sein Kriegstagebuch beginnt mit dem Eid auf den Führer, die Bilder des Albums zeigen nach den ersten Jugendbildern mittlerweile den Landser im Einsatz: mal mit Schnellfeuerwaffe und Stahlhelm, straff und doch lässig, mal mit schneidigem Lächeln und schräg sitzender Mütze – ein Bild von einem deutschen Mann. Zwischendurch glitzernde Weihnachtsbäume im Truppenquartier und zerstörte Brücken in der Steppe.

Ist dies der Mann, der nicht schoss? Ist dies der Soldat aus Westfalen, der in diesem einen Augenblick, in welchem eine Dorfgeschichte ihn aus dem Qualm einer brennenden Welt treten lässt, Mensch blieb, während die anderen mordeten? Was hatte er vor dieser Sekunde getan? Und was danach, als der Vorhang aus Rauch und Vergessen sich wieder schloss? Hat er Handgranaten in mit Menschen gefüllte Keller geworfen wie all die anderen? Oder hat er mit bebenden Knien seinen Kameraden die Waffe weggedrückt, wie der Mann mit dem verletzten Gesicht? – Dass dieser Mustersoldat des Führers, ausgezeichnet mit dem Eisernen Kreuz Erster und Zweiter Klasse, auch Momente des Einsehens hatte, ist auch aus anderen Quellen überliefert. In Enkesen wird berichtet, am Ende des Krieges, als die Amerikaner anrückten, habe er die Leute beschworen, den Gaukeleien der Führung von irgendwelchen Wunderwaffen nicht zu glauben, den Kampf aufzugeben, die Panzersperren wegzuräumen.

Hat Otto Varnholt Erinnerungen an Borów? – Ein alter Mann betrachtet das Bild eines Fremden mit eng geschlossenen Lippen. „Ouuuh", sagt er zögernd und schüttelt die Hand aus dem Gelenk. Und dann eilig: „Jajaja. Jawohl. Sicherlich ... Junge, Junge". – „Gestern hat er sich noch besser erinnert", versichert seine umsichtige Frau. – Woran? – „Ja", sagt sie, „dass er da war, dass da alles gebrannt hat ... Ihm kamen sogar die Tränen". „Ojeoje", sagt der alte Soldat. „Komisch, was?"

Dann fährt er freundlich kichernd die Stufen hinunter.

Die Tänzerin von Annopol

UND WEITER geht die Fahrt in die Tiefe. – Die Geschichte von Boróv erreicht jetzt ein Zwielicht, in dem eine Warnung notwendig wird. Die Erzählung, die nun folgt, liegt jenseits jener Grenzen, an denen Geschmack und Erziehung die Augen niederschlagen. Wir betreten die Zone des Obszönen, dessen, was nach den Regeln des Anstands verhüllt bleiben sollte, weil es nicht betrachtet werden kann, ohne dass die beschämende Suggestivität des Geschehens den Betrachter mitschuldig macht. Wenn wir trotzdem mit der Episode von der „Tänzerin in Annopol" fortfahren, dann nur, weil das Verschweigen noch schlimmer wäre als das Erzählen.

IM HERBST des Jahres 1943 kursierte unter den Soldaten des Polizeibataillons 316 die Geschichte einer Tänzerin. Die Männer hatten vieles erlebt und vieles getan. Nach deutschen Justizakten, die das Staatsarchiv Münster aufbewahrt, hatte ihr Bataillon, das später in „I. SS-Polizeiregiment 4" umbenannt wurde, schon an vielen Fronten gestanden. Es war dabei der kämpfenden Truppe gefolgt, um in ihrem Rücken Juden, Partisanen und sonstige „Feinde" in Kiesgruben zu erschießen, wobei die Männer zum Schutz ihrer Uniformen Schürzen trugen. Als das Bataillon Mitte 1943 in die nahe bei Boróv gelegene Kreisstadt Kraśnik versetzt wurde, war es schon in Russland im Einsatz gewesen, dazu in Jugoslawien und in Frankreich. Die Männer hatten zu dieser Zeit bereits unerhörte Grausamkeit gesehen und in serieller Form selbst begangen. Im Februar 1944 sollten sie dann zu denen gehören, die Boróv und die umliegenden Dörfer verbrannten.

An jenem Tag im Herbst 1943 (über das genaue Datum sind unterschiedliche Angaben im Umlauf, manche Quellen nennen den 7. November, andere den 9. oder den 17.) waren

179

die Soldaten zu einer Erschießung bei Annopol eingeteilt worden – zu derselben Sammelhinrichtung, zu welcher Otto L, der sich später irrtümlich erhängte, im letzten Augenblick noch seine jüdische Schneiderin und ihr Kind beigesteuert hatte.

Es ist bei dieser Exekution zunächst, wie einer der Männer später zu Protokoll gab, „alles korrekt zugegangen". Das Bataillon bildete ein Spalier, während die Hinzurichtenden, etwa 300 jüdische Männer, Frauen und Kinder, zu einer Phosphoritgrube getrieben wurden, die damals die Firma Beikler aus Ingolstadt zum Nutzen der deutschen Kriegswirtschaft ausbeutete. Außer Spalierstehen hatten die SS-Männer nicht viel zu tun. Das Antreiben der Opfer besorgten jüdische Aufseher, die dafür dann als letzte starben, und für die unmittelbare Erschießung, zu der sich die Opfer in der Grube Schicht um Schicht auf den Bauch zu legen hatten, war ein Sondertrupp des SD in einem Omnibus aus Lublin gekommen.

Manche der Männer, die an diesem Novembermorgen im Spalier standen, haben später geschildert, wie sehr sie unter den Verbrechen gelitten hätten, die sie damals täglich begingen. Der Bauarbeiter Joachim B. aus Daun in der Eifel etwa berichtete in einer Vernehmung nach dem Krieg, seine Kameraden seien nach Massenexekutionen oder Dorfeinäscherungen regelmäßig völlig „fertig" gewesen. Hinterher hätten die Männer unter sich oft geflüstert, wie „scheiße" sie das alles fänden. An solchen Tagen halfen dann manchmal flapsige Bemerkungen und der Versuch launiger Späße. Die Unterlagen belegen Ulkereien der Soldaten über die profitable Verwertung des „Bruchgolds" aus den Mündern der Ermordeten und ähnliche Witze, die etwa der spätere Polizist Karl G. aus Recklinghausen als gängige „Flachserei" überliefert. Wenn die Stimmung dennoch trübe blieb und die Disziplin zu leiden drohte, half die oft wiederholte Versicherung der Vorgesetzten, Befehlsverweigerer würden ohne Gnade erschossen, und gelegentlich als Ultima Ratio (was die Akten ebenfalls verzeichnen) die Gabe von etwas Schnaps. Erzählungen über die mutmaßlichen Taten der polnischen Banditen, welche angeblich Deutsche kastrierten und ihnen die Hände abhackten, wenn sie ihrer habhaft wurden, taten ein Übriges, um dem gelegentlichen Überdruss der Männer am Morden entgegenzusteuern.

Neben denen, die zögerten, gab es im Bataillon aber auch solche, die gerne vorne dran waren. Die Soldaten berichten von der unerbittlichen Härte des Hauptmanns N., bei dem jede Bitte um Verschonung sinnlos gewesen sei, vom „Spieß" der 1. Kompanie, Hauptwachtmeister S., welcher jeden als „Feigling" lächerlich machte, der nach einer langen Hinrichtung nicht mehr weiterschießen konnte, oder vom Unterführer Lorenz D., einem Straßenbauarbeiter aus Vöhringen, der sich in den Leichengruben darauf spezialisiert hatte, den Opfern, die nach der ersten Salve noch nicht tot waren, mit der Pistole „Nachschüsse" zu erteilen. Seinen Untergebenen ist er in Erinnerung, wie er unter Gebrüll, die Peitsche in der Hand, eine Hinrichtung kommandiert und einen seiner Männer, der an der Totengrube um Ablösung bittet, mit der Bemerkung abweist, er solle sich ja in Acht nehmen, denn allzu leicht könne er selbst der Nächste sein: – „das musst du wissen, sonst kommst du auch da hinein".

Am Tag, an dem es zum Vorfall mit der Tänzerin kam, war Lorenz D., der anders als seine Männer im Spalier das Privileg genoss, sich frei bewegen zu dürfen, an der Front der Soldaten entlang zur Grube vorspaziert – teils aus dienstlichen Gründen, teils, wie er später sagte, aus persönlichem Interesse. D.'s Vater war im ersten Weltkrieg gefallen, seine Mutter, der man einen schlechten Lebenswandel nachsagte, hatte ihn früh im Stich gelassen. So richtig aufgehoben hat er sich offenbar erst bei der SS gefühlt. Von kleineren Diebstählen abgesehen – einmal hatte er bei einem Pogrom ein paar Goldmünzen für den Urlaub mitgenommen – scheint er ein mustergültiger SS-Mann gewesen zu sein. Seine Frau berichtete später, bei Heimatbesuchen habe er nicht nur voll Stolz von seinen Erfolgen beim weiblichen Geschlecht erzählt, sondern stets auch davon, wie er Judenkinder die Treppen hinunterzuwerfen pflegte, damit sie sich das Genick brächen. Und wie er in der Hinrichtungsgrube, die Schürze umgebunden, stets zuerst die Kinder erschieße, und dann erst die Mütter. Er war stolz darauf, dass er „auf Toten vespern" konnte, und wenn ihn die Frauen bei solchen Erzählungen zweifelnd ansahen, zog er Fotos heraus, die ihn mit Leichen zeigten.

Lorenz D. war also an diesem Novembertag die Reihen seiner Männer entlangspaziert, um vorne an der Grube nach dem Rechten zu sehen. „Ich befand mich zuerst innerhalb des Spaliers in der Nähe der Baracke", gab er später zu Protokoll, „und begab mich dann, nachdem die Juden zur Kiesgrube gebracht worden waren, ebenfalls dorthin. Bei den Delinquenten handelte es sich um Frauen, Männer und Kinder jeglichen Alters. ... Die Juden mussten dann nackt in die Grube steigen und wurden ... mit Maschinenpistolen mit Einzel- und Dauerfeuer erschossen."

Soweit war alles nach Plan verlaufen – „korrekt" eben, wie immer. – Wenn es da nicht zu diesem Vorfall gekommen wäre, der in den Dossiers der deutschen Justiz seither als der Fall der „Tänzerin von Annopol" aktenkundig ist.

In den Schlafstuben und an den Suppenküchen haben sich die Männer noch lange von dieser Frau erzählt. „Stolz" und „voll Mut" sei sie gewesen, als sie vor aller Augen auf den Leichen stand, jung und aufrecht – vor allem aber „schön" und „nackt".

Was also hatte es auf sich mit dieser Frau? – Unter den vielen erhaltenen Berichten ist der der Gertrud S. vielleicht der knappste. Gertrud S. war eine jenen Urlaubsbekanntschaften gewesen, denen Lorenz D., das jüdische Gold in der Tasche, so gerne seine Fotos zeigte. D., so erinnerte sich Gertrud S. später, „erzählte mir auch von einer schönen Tänzerin, die darum gebeten habe, noch einen letzten Tanz zu tanzen. Dies habe sie getan und dann sei sie ebenfalls erschossen worden."

Der Vorfall hat die Phantasie der Männer damals offenbar bis aufs Äußerste erregt. In einem Vermerk des Landeskriminalamts Düsseldorf, das im Jahr 1980 die Aussagen der Soldaten zusammengefasst hat, ist von einem „etwa 20-jährigen hübschen Mädchen" die Rede, einer „Tänzerin", die „in völlig nacktem Zustand vor den SS-Schützen und auf den Körpern der Erschossenen Tanzbewegungen, Saltos und einen Spagat" ausgeführt habe.

Unter den Soldaten im Spalier verbreitete die Geschichte sich wie ein Lauffeuer. Die meisten von ihnen hatten den Vorfall unten in der Erschießungsgrube zwar nicht direkt beobachten können, aber als sie sich später darüber unterhielten, waren sie, wie später notiert wurde, voll „Lob" und „Bewunderung" für die unbekannte Frau. Mehrere Varianten ihrer letzten Worte machten die Runde. Der spätere Bahnschaffner Julius S., der, wie er später zu seiner Entschuldigung sagte, bei Hinrichtungen oft traurig an seine Kinder dachte, berichtet, wie die Frau, im Spagat auf der Spitze des Leichenhaufens, ihr Leben mit dem Ruf beendet habe „So, jetzt könnt ihr schießen". Ein anderer, dem dies vielleicht zu prosaisch schien, gab die Abschiedsworte „Ade, ade du schöne Welt" zu Protokoll, und ein Dritter fügt hinzu, das „Gesäß" der nackten Tänzerin habe, ausgestreckt im Spagat, „fast den Boden berührt", als ihr schließlich jemand „aus nächster Entfernung" den finalen Kopfschuss gab.

Und Lorenz D, der zur Grube spaziert war, teils aus dienstlichen Gründen, teils „weil es mich interessiert hat." Er hat zugesehen und später, auf Heimaturlaub, den Frauen davon erzählt. „Soweit ich mich noch erinnere, erzählte D. auch, dass er die Tänzerin ins Gesicht geschossen habe", sagte seine Bekannte Gertrud S. den untersuchenden Beamten.

DAS WAREN die Männer, die kamen, als Pfarrer Stańczak die Messe unterbrach. Nach dem Krieg wurden einige von ihnen in der Bundesrepublik Deutschland wegen der Verbrechen ihrer Einheit vor Gericht gestellt. Das Schwurgericht Bochum sprach allerdings im Jahre 1968 alle Angeklagten wegen Mangels an Beweisen sowie unter Berufung auf den Befehlsnotstand frei.

Überlegungen mit Patrone

IN MEINER Hand liegt eine Patrone. Jemand hat sie am Fluss gefunden, in der Nähe der Mühle; dann lag sie jahrelang auf irgendeinem Schrank, und jetzt hat Kazimierz sie hervorgeholt, der Mann mit den deutschen Vorfahren, mit dem Lucyna Kuchta damals nach Hannover ging. Wir sitzen im Garten, wo die Sommerküche war und Lucynas Großvater von den Ulanen erzählte. Es ist Abend. Kühl und vertraut liegt die Patrone zwischen den Ballen meiner Hand.

„Niemiecki karabin maszynowy" sage ich – „Ein deutsches Maschinengewehr." Andrzej, der mich nach jener rasenden Fahrt in seinem Mercedes hierher gebracht hatte, um mir die Bekanntschaft des Paares aus Deutschland zu vermitteln, blickt mich fragend an.

Ich würde diese Patrone mit geschlossenen Augen erkennen. Bei der Bundeswehr, in den achtziger Jahren, im Kalten Krieg, haben unsere Gewehre mit solchen Patronen geschossen. Ungezählte Male haben wir sie geladen, entladen, zerlegt, wieder zusammengebaut, so oft, bis wir jeden Bestandteil blind in den anderen fügen konnten. Auch unser Maschinengewehr, das etwas altertümlich wirkende MG 3 mit dem Zweibein am Lauf und dem barocken Schwung im Schulterstück hatte solche Patronen im Gurt. Fast unverändert, nur mit einer Kaliberveränderung von wenigen Zehntelmillimetern, hatten wir bei der Bundeswehr diese Waffe samt Munition von der Wehrmacht übernommen, und wir waren überzeugt, dass wir, die Armee der Demokratie, sie für eine bessere Sache nutzten als unsere Väter und Großväter.

Ich öffne die Hand. Die Patrone ist ausgezeichnet erhalten. Sie glänzt zwar nicht mehr in blanken Messingreflexen, wie ihre Schwestern in den Munitionskisten von Wehrmacht, SS und Bundeswehr, nach einem halben Jahrhundert ist das Metall angelaufen und bräunlich matt geworden – ansonsten aber ist sie komplett. Das Projektil sitzt fest in der Hülse, das Zündhütchen am Patronenboden ist intakt, und nur in der feinen, kreisförmigen Rille rings um den Zünder haftet etwas trockener Schmutz.

Wieso hat diese Patrone nicht geschossen? Wieso ist sie im Flussschlamm gelandet, als alle anderen zündeten? – Ich habe das schlanke Messing aus der Handfläche hochgleiten lassen, jetzt wiegen Zeige- und Mittelfinger seine vertrauten Proportionen. Der Daumen gleitet über den metallenen Körper – und hält inne: Etwas ist anders. Eine kurze, gerade Kerbe zieht sich quer über den Zylinder der Hülse, eine scharfe, deutliche Delle. Die Patrone ist beschädigt. Etwas Hartes, Kantiges muss mit großer Wucht gegen sie gestoßen sein.

Was nach diesem Stoß geschah, wissen wir nicht. Vielleicht ist der Gurt hängen geblieben, als damals zu Lichtmess der MG-Schütze den Abzug drückte, und die verformte Patrone nicht einrasten wollte, vielleicht hat das Maschinengewehr dann für eine halbe Minute ausgesetzt. Vielleicht hat sich in diesen Se-

185

kunden jemand retten können, wie jener Mann auf dem Friedhof, der Onkel der Braut Feliksa, der entkam, weil im Handgemenge die Waffe des Deutschen versagte. Vielleicht aber hat der Schütze den Schaden auch schon beim Laden erkannt und die unbrauchbare Patrone einfach fortgeworfen.

Nicht nur manche Patronen, auch manche Soldaten haben nicht funktioniert, wie vorgesehen. Hatten sie auch „eine Delle"? Was war es, was den Mann mit den Bonbons in der Brusttasche im entscheidenden Moment davon abhielt, zu tun, was ihm in Befehlen, Mythen, Rundfunkreden als Pflicht für Volk und Vaterland vorgegaukelt worden war?

EIN KIND sitzt in der Stube. Es hat alles fortgelegt und hört nur noch zu – wie die Mädchen im Garten, die noch schnell ihre Barbiepuppen zu Bett brachten, wie das Enkeltöchterchen, das sich unbemerkt neben den Ofen setzte, als Jan Dubrowski vom Deutschen an der Orgel erzählte, wie Lucyna Kuchta an jenen Sommerabenden.

Wir befinden uns in den siebziger Jahren, in Hermannstadt in Rumänien, das noch eine Generation vorher die Hauptstadt eines kleinen deutschen Siedlerstammes gewesen war, der Siebenbürger Sachsen, in der Zeit aber, in der diese Szene spielt, seinen deutschen Charakter längst durch Krieg, Deportation und Abwanderung eingebüßt hatte.

Es gab nicht viel, was damals schön war. Die desolaten Wohnblocks der Diktatur waren eng und zugig, und wer sprechen wollte, sah sich ängstlich um, ob auch keiner zuhörte. So griff das Kind begierig nach allem, was ein wenig glänzte. Im Bücherregal der Eltern fand sich eine vorzüglich erhaltene mehrbändige Ausgabe des Neuen Brockhaus aus den vierziger Jahren, und der Junge sog die Tiefdruckseiten mit den Abbildungen dampfender Panzerschiffe und sprungbereiter Raubkatzen in sich auf. Besonders lange betrachtete er eine Serie von Photographien, die unter der Überschrift „Großdeutschlands Freiheitskrieg" akkurat geordnete Soldaten zeigten, die mit glänzenden Helmen, glänzenden Stiefeln und zuversichtlich entschlossenen Gesichtern durch einen hohen Triumphbogen marschierten. Andere Soldaten blickten in lässiger und doch straffer Haltung von Panzertürmen herab, oder sie brachten zerlumpte Gefangene ein, deren elend verzerrte Gesichter sich äußerst unvorteilhaft von den tadellosen Kampfanzügen der Deutschen unterschieden.

Es ist nicht viel übrig von damals. Das Bücherregal meiner Eltern ist dahin, genau wie der Brockhaus, wenn ich auch jetzt einen neuen habe, ein Geschenk meines Vaters, 24 Bände in Goldschnitt. Von jenem Abend in der Stube, als keiner merkte, wie ich zuhörte, ist noch ein niedriger, dreibeiniger, rumänischer Melkschemel vorhanden, der beim großen Umzug, als die von meinem Vater geduldig verteilten Bestechungsgelder endlich wirkten, und wir die Ausreisepapiere bekamen, nur deshalb mit in den Westen durfte, weil er klein und handlich war, und zuletzt noch in einer Lücke unseres eng bemessenen Aussiedlergepäcks Platz fand.

Ich saß auf dem Schemel und die Männer sangen. Es waren schwere Zeiten, es war eine geplagte Generation. Fast jeder von ihnen war begeistert und ganz selbstverständlich Hitlerjunge gewesen, bevor das Ende kam. Viele der Älteren hatten sich wohl noch bei der SS gemeldet (das war unter Siebenbürgern beinahe die Regel), und nur die Jüngeren, wie mein Vater und seine Klassenkameraden, waren gerade noch so davongekommen. Seither waren Jahrzehnte vergangen, und an diesem Abend in den siebziger Jahren glaubten sie den Mörderglauben längst hinter sich zu haben, mit dem man sie in der Kindheit geimpft hatte. Sie hatten vom Holocaust gehört und sich mit ehrlich empfundenem Entsetzen abgewendet, sie nannten Hitler in echtem Zorn einen Verbrecher, und nur noch selten war unter ihnen von den Zeltlagern die Rede, von den Geländespielen des Jungvolks, den Fahrtenmessern und dem früh empfundenen, köstlichen Gefühl, blond, blauäugig und ein Herrenmensch zu sein.

Sie sangen „Kleine Erika" und „Die Blauen Dragoner". Sie sangen „Wir reiten und reiten" und sie sangen „Flandern in Not" – sie sangen mehrstimmig, sie tranken, und sie vergaßen die fremd gewordene, graue Welt um sie, in der blaue Augen keine Auszeichnung mehr waren, sondern ein demütigender Makel.

Was sangen sie noch? – Es gab da Verse, die ich nicht recht deuten konnte. Hieß es „tanze du alleine?", oder hatte sich da tatsächlich eine Mutation eingeschlichen, eine minimale Lautverschiebung – von „tanze" zu „Panzer?" „Panzer, du allei-hei-ne, du allein sollst meine Freude sein?" – Das Kind saß still auf seinem Schemel und eine heiße, wohlige Unruhe stieg auf. „Es rattern die Ketten, es dröhnt der Motor, Panzer rollen in Afrika vor" – Die Zeit war längst um, zu der es sonst ins Bett ging, der Raum hatte sich erhitzt, es roch wohl so, wie es in Borów in Kameckis Küche gerochen hatte, als die Alten am Webstuhl der Geschichten im Takt von Hand und Stock auf den Rhythmus ihrer großen Erzählung gestoßen waren.

Ich weiß nicht mehr genau, was sonst noch für Lieder kamen an diesem Abend, aber ich sehe sie noch vor mir, wie sie mit ausgebreiteten Armen das Wort „Bom-ben" intonierten, tief empfunden und musikalisch, in einem schönen, harmonisch abfallenden Akkord: „Bom-ben, Bom-ben, Bomben auf Engel-land!" Und ich weiß noch, wie ich spürte, dass diese Männer (übrigens durchwegs gebildete Erwachsene mit humanen Ansichten) in diesem Augenblick glücklich waren. Ich nahm wahr, wie ihr Glück auch mich erfasste, und wie ich mich für sie freute.

Fünfunddreißig Jahre später fühlt ein Mann von knapp fünfzig Jahren in einem polnischen Obstgarten eine schlanke, vertraute Patrone zwischen Daumen, Zeige- und Mittelfinger. Es ist einfach mit ihr, die Fragen sind schnell beantwortet: Diese Patrone hat eine Delle, also hat sie nicht geschossen. Wie aber ist es bei uns? – In Boróv haben einige wenige deutsche Soldaten im entscheidenden Augenblick innegehalten, haben ebenfalls nicht funktioniert, als die anderen den Abzug drückten. Die weitaus Meisten hingegen haben tadellos ihre Befehle ausgeführt, sich abends am Feuer eines brennenden Dorfes gewärmt und später in den Vernehmungen Befehlsnotstand geltend gemacht.

Wer also trägt nun die Delle? Jene Wenigen, oder all die anderen? Und was ist bei uns, bei den allzu Vielen, das Mal der Beschädigung? – Von jenem Abend mit Liedern ist ein rumänischer Melkschemel übrig – vor allem aber, und genauso konkret wie er, ein fernes, beunruhigendes Empfinden jenes unzulässigen Glücks, das die Männer verband, als sie das Panzerlied sangen. Ein Kind saß dabei, hörte zu, und vergaß nie, was es empfunden hatte. Heute noch ist dieses Gefühl mit diesem Lied verbunden, unwiderruflich eingeprägt, trotz des Entsetzens, das immer erst eine Sekunde zu spät einsetzt – wenn die Ratio nach einem Moment der Verzögerung erkennt, welche verheerenden Tatsachen ein lang verschütteter, aber immer noch blitzschneller Reflex hier längst geschaffen hat.

Es ist wohl bei uns gerade anders herum als bei den Patronen: nicht die Wenigen tragen das Mal, sondern die Vielen – und die Delle, die wir tragen, diese Bereitschaft zum Mitsingen, dieser missbrauchbare Glücksreflex, macht nicht etwa untauglich zum Schießen, sondern er ist fürs Schießen die Voraussetzung. Bei uns waren nicht diejenigen die Beschädigten, die innehielten, sondern die anderen, die vielen, die tadellos Funktionierenden. Sie, die sogenannten Norma-

len, waren die Gezeichneten. Sie waren fatal geprägt und ein-
gedellt, und sie hatten ihre Prägung von Fahnenmärschen
empfangen, von Enzyklopädien mit Tiefdruckseiten, von Liedern oder vom Gebrauch vorzüglicher Gewehre mit schlanken Patronen. Sie waren geprägt und viel zu wenige haben
sich dem Geprägtsein widersetzt.

Seither ist ein Lebensalter vergangen. Vieles ist erkannt,
vieles ist eingestanden, und in Berlin steht am Brandenburger
Tor das Denkmal der ermordeten Juden. Manchmal aber,
wenn von irgendwoher der Akkord des Panzerlieds klingt, ist
zuerst das Glück da und dann erst das Entsetzen.

AUCH BEI den Leuten von Borów habe ich beobachten können, wie verschüttete Reflexe zum Leben erwachten, wenn
sie vom Lichtmesstag erzählten. Unsere Gespräche haben oft
entspannt begonnen, leicht, in gastlicher Freundlichkeit, beinahe fröhlich. Die Ratio war eben auch hier nicht alert
genug – sie warnte diese alten Männer und Frauen nicht, sie
flüsterte ihnen nicht zu, wohin der Bericht, den sie gerade auf
meine Bitte begannen, sie gleich führen würde. Wie Ah-
nungslose begannen sie zu erzählen, als könnten sie sich
auch nach so vielen Jahren immer noch nicht vorstellen, was
sie gleich sehen würden in der Büchse, die sie jetzt wieder öffneten. Sie wussten nicht, dass sie noch in dieser Stunde wei-
nen würden, den Kopf zwischen die Hände nehmen, die Augen bedecken, zum Asthmaspray greifen.

Familienalbum

BORÓW BRANNTE bis in die Nacht. Die Deutschen zogen ab, als der Tag sich neigte, zuerst nur bis in ihre Stützpunkte, bald aber endgültig fort, Richtung Berlin, in die Niederlage. Lorenz D., der bei Hinrichtungen Schürze trug, hat den Krieg ebenso überlebt, wie Otto L., der wegen seiner Köchin degradiert worden war, und der Pionier Varnholt, der Soldat aus Westfalen. Als sie fort waren, stiegen die Leute von Borów aus den Sümpfen hoch und von den Böschungen der Sanna. Sie taten es den Deutschen nach und trockneten an der Glut ihrer niederbrennenden Häuser die durchnässten Kleider. In den folgenden Tagen, nachdem die Soldaten noch einmal gekommen waren, um ein paar letzte Handgranaten in die Keller zu werfen, begann das Leben neu. Man begrub die Toten, verband die Verletzten und baute aus Schilf und verkohlten Balken Hütten für Menschen und Tiere. Pfarrer Stańczak, der Warner, stellte fest, dass die Kirche bis auf den Glockenturm trotz einiger Geschosstreffer beinahe intakt geblieben war, wenn auch das Sakramentshäuschen aufgebrochen, die Gefäße geraubt und die Hostien am Boden zerstreut waren. Die Bemühungen der Großmutter Pietruszka, welche noch die Messgeräte fortgeräumt hatte, während das Enkelkind an ihr zerrte, waren nicht mit Erfolg belohnt worden.

Der Sommer kam und mit ihm die Russen. Auf die Leute im Dorf wirkten die neuen Besatzer, die sich damals anschickten, knappe fünfzig Jahre in Polen zu bleiben, zwar bei weitem nicht so „elegant" wie die deutschen Mörder, aber dafür hatte das permanente Töten erst einmal ein Ende, selbst wenn man jetzt die Töchter in den Kellern verstecken musste, um sie vor den Avancen der Soldaten zu bewahren. Die Mädchen verschwanden also von den Straßen und Stanisława, die junge Frau mit dem entschlossenen Zug um die Nasenwur-

zel, die schon die Angebote der Partisanen knapp und be-
stimmt zurückgewiesen hatte, nannte die neuen Okkupanten
nur „Krätze" oder „Malaria" – wegen der Krankheiten, die sie
nach Überzeugung aller mit sich trugen. Auch Marianna Goleń, die Frau, die den Klang des Deutschen nicht erträgt,
musste damals Tag für Tag das Versteck wechseln, weil die
Russen „jeden Faden erkannten". Manchmal bekam sie allerdings auch bei der Feldküche etwas zu Essen, und ihrer Mutter gelang es, von den Rotarmisten gegen etwas Wodka eine
Rolle fester Plane einzutauschen. Sie nähte daraus Kleider
und Jacken, und Marianna Goleń weiß noch, wie der harte
Stoff an den Knien scheuerte.

In Enkesen, jenem anderen Dorf mit vier Wegen, weit
entfernt in Westfalen, dauerte die Herrschaft der Nationalso-
zialisten noch ein Jahr länger. Am Hof der Varnholts, wo der
„Fremdarbeiter" Antoni Sękala diente, erschienen die ersten
Amerikaner am 6. April 1945. Der Bauer Heinrich hatte auf
Rat seines Sohnes Otto ein weißes Tuch hinausgehängt, so
dass das Kriegsende ganz undramatisch verlief. Später notier-
te er allerdings erkennbar pikiert, die Amerikaner hätten es
sich nach der Übergabe im Haus „gemütlich" gemacht und
mit „Alkohol" bis „spät in die Nacht" gefeiert. „Unsere Bade-
einrichtung wurde laufend benutzt, ebenso sämtliche Betten".

Wie Borów hat dann übrigens auch Enkesen seine „russische Phase" gehabt. Die Gefangenen- und Arbeitslager der
Nazis wurden geöffnet, und plötzlich war das Land voller ent-
lassener Sowjetsoldaten, die in größeren und kleineren Gruppen auf der Suche nach Nahrung, Kleidung und Geld Hof um
Hof durchkämmten. Die Leute von Enkesen bildeten zwar
eine Dorfwehr, der auch Ottos Bruder Heinrich Varnholt Junior mit einem Knüppel bewaffnet beitrat, aber obwohl die
Glocke unablässig Alarm läutete und die Sirene heulte, ist jener Hof aus Fachwerk und Grünsandstein, der auf den ersten

Blick aussieht, wie eine westfälische Burg, mehrmals geplündert worden, wobei der Bauer zwar einmal mehrere Kannen Milch retten konnte, bei einem weiteren Überfall aber unter anderem den Verlust eines Motorrads zu verschmerzen hatte. Die deutschen Frauen von Enkesen hatten für die Russen übrigens ebenso wenig übrig, wie die jungen Polinnen in Borów: „Man konnte sie nicht ansehen, denn sie saßen voller Flöhe und Läuse, ihre Kleidung war zerfetzt und sie stanken entsetzlich" schrieb etwa Ingeborg Winckler, eine Nachbarin der Varnholts, später. „Ihre Haare und Bärte waren lang und ungepflegt. ... Es gruselt mich immer noch, wenn ich daran denke." – Dass es die *deutsche Gefangenschaft* gewesen war, die diese Männer in ihren für die westfälische Hausfrau so widerwärtigen Zustand gebracht hatte, ist der Nachbarin damals nicht bewusst geworden. Die „Plage" hat dann auch schnell aufgehört, weil Amerikaner, Briten und mit ihnen einige Polen in Alliierten Diensten, die Ordnung schnell wieder herstellten, wobei einem der Russen, wie Frau Winckler vermerkt, „die Nase abgeschossen" wurde.

Das Leben ist dann weitergegangen, hier wie dort. Das in seiner Geschichte so oft besetzte Polen machte sich auf den Weg durch ein neues Lebensalter der Fremdherrschaft, das geteilte Deutschland bereitete sich vor auf den getrennten Wiederaufbau der konkurrierenden Entwürfe Bundesrepublik und DDR. Die Deutschen begannen mit der seriellen Fertigung ihrer zu unbedingter Ausdruckslosigkeit entschlossenen Nachkriegsfassaden, die Polen träumten den Traum vom alten Danzig und vom alten Warschau und fügten Stein auf Stein. Den Pfarrer Stańczak, der rufend die Arme gehoben hatte, steckten die neuen Machthaber ins Gefängnis, weil er den falschen Partisanen die Messe gelesen hatte, und ein Bruder jenes Stanisław Kamecki der bei der Heimatarmee gewesen war, und dessen bebende Hände auf der Tischplatte den Rhythmus der

Erzählung vorgaben, wurde bei der Festnahme durch die Kommunisten „auf der Flucht" erschossen.

In Enkesen holten die Varnholts ein Schwein aus dem Versteck, das Bauer Heinrich während der letzten Kriegsmonate vor den Nazis verborgen hatten (in Borów wäre man dafür gehängt worden), und schlachteten es im Januar 1946, als es das legendäre Gewicht von 250 Kilo erreicht hatte. Ein Foto in Familienbesitz zeigt das Schwein kurz vor seinem Ende in Gesellschaft zweier kleiner Mädchen in dicken Mänteln und Pudelmützen. Otto Varnholt, der Soldat aus Westfalen, der bis in die letzten Kriegstage noch gekämpft hatte, kam halb tot vor Hunger aus amerikanischer Gefangenschaft, wand sich nach dem ersten Essen (es gab Bohnen) in Krämpfen, erholte sich dann aber bald und erwarb in den folgenden Monaten eine weit über die Familie hinaus bekannte Meisterschaft im klandestinen Schnapsbrennen, so dass bei festlichen Gelegenheiten, etwa am Tag der Währungsreform 1948, beim ersten Schützenfest der Nachkriegszeit, die Leute nicht auf dem Trockenen saßen. Ein Foto aus dem Familienalbum zeigt seinen Bruder Heinrich (denselben, der damals mit einem Knüppel der Dorfwehr beigetreten war), wie er beim Festumzug in Schärpe und weißen Handschuhen dem Schellenbaum voranschreitet.

Hüben wie drüben gingen die Jahre ins Land. Die Alben von Borów zeigen in der Phase der Schwarzweißbilder, also bis in die sechziger Jahre hinein, Hochzeiten, Babies, Kommunionsfeiern. Da sieht man Marianna Goleń im Brautschleier, sowie Janina Sękala, die eine Achtzehn in den Staub malte, als sie nicht mehr reden wollte, mit ihren Zwillingen. Jan Dubrowski, der die Orgel hörte, ist als Zimmermann mit einer Axt bei einem Rohbau zu sehen, und später, als die Technik voranschritt, mit einer Motorsäge beim Holzfällen. Aus den Stämmen wurde irgendwann ein neuer Glockenturm errichtet, anstelle des alten, an dessen Fuß Pfarrer Skulimowski verbrannte, und in mehreren Alben (der Abzug kursierte offenbar) zeugt eine Fotographie in Schwarzweiß vom Richtfest mit Pfarrer, gekämmten Kindern, Prozession und Baldachin.

Die Macht des täglichen Lebens erzwang Normalität. Hüben und drüben machte man wieder Musik. In Borów spielte Dubrowski bei Hochzeiten auf, und in Enkesen zeugen die letzten Schwarzweißbilder vor dem Einzug der Farbfilme von fröhlichen Abenden mit Gesang und Klavierbegleitung. Der Bauer pflügte, der Waldarbeiter sägte. Marino B. vom I. Bataillon des SS-Polizeiregiments 4 und sein Kamerad Karl G. (derselbe, den das „Ade, ade du schöne Welt" der Tänzerin so beeindruckt hatte, und der später zu Protokoll gab, dass er bei Hinrichtungen seine Opfer stets bedauert habe), kehrten in ihren alten Beruf zurück und wurden wieder Polizisten. Otto Varnholt heiratete mit Zylinder und Glacéhandschuhen eine zierliche, umsichtige Frau, deren blondes Haar mittlerweile zu hellem Silber geworden ist, und als sich Westdeutschland in den fünfziger Jahren wieder bewaffnete, meldete er sich als Berufssoldat zur Bundeswehr.

Die Armut ließ nach. Das sozialistische Polen erlebte zwar kein Wirtschaftswunder wie Westdeutschland, aber während auf den Fotos der Varnholts schon bald die ersten Opel Kadett auftauchen, sind in den Bildern von Borów immerhin schon auf jenem Luftbild von 1947 einige Dutzend neue Dächer sichtbar. Ein Hochzeitsfoto aus dem Album der Janina Sękala zeigt die Festgesellschaft etwa in den fünfziger Jahren noch auf einem Leiterwagen samt Pferd und Kutscher, aber schon einige Seiten später steht ihr Enkelsohn bereits vor einem Traktor der Marke „Ursus". Längst haben die Farbbilder begonnen. Weiterhin dominieren im Vordergrund Bräute, Priester, Kommunionskleider, aber dahinter tauchen die ersten Fernseher auf, und kurz nachdem in Enkesen die ersten Urlaubspostkarten vom Eiffelturm und von holländischen Tulpenschauen eintreffen, erscheinen in Borów die ersten T-Shirts, Turnschuhe und Beatles-Frisuren. Die Zeit der ersten Not, als Marek, Mutter Stanisławas großer Sohn, noch ein Kind war und jedes Ei, das er im Stroh fand, für einen Schatz hielt, weil er es im Laden gegen Süßigkeiten eintauschen konnte, war auch in Borów irgendwann zu Ende gegangen. Später (der Kommunismus und mit ihm die russische Okkupation gingen schon ihrem Ende zu) tauchten dann über den Vitrinen der Wohnzimmer die ersten Bilder Karol Wojtylas auf, des polnischen Papstes. Damals, in den achtziger Jahren, geschah es auch, dass die Mühle abgerissen wurde, in welcher der Partisanenführer Ząb seinerzeit seine Kämpfer angeworben hatte. Vorher hatte man sie noch für ein paar Jahre auf Stromproduktion umgestellt, aber eines Tages hatte sie ausgedient und der Fluss, sandig und überwachsen wie eh und je, gewann sein Recht zurück. Drüben in Westfalen war Otto Varnholt längst in Pension, und die Kameradentreffen der Windhund-Division wurden selten. Ein Foto von 1994 zeigt noch ein letztes Mal einen fidelen Trupp alter Herren mit bifokalen Brillen und Gesundheitsschuhen auf einer sommerlichen Terrasse. In Enkesen baute man damals Einfamilienhäuser mit elektrischen Garageneinfahrten und akkurat geschnittenen Hecken für die Pendler.

IN DIE schattige Auffahrt der kleinen Holzkirche ist mittlerweile die Hochzeitsgesellschaft eingefahren. Vorne an der Kreuzung, wo die vier Wege zusammenlaufen, hat sich die Dorfjugend ins Spalier gestellt, ausgelassene junge Leute, die offensichtlich schon etwas vor der Zeit mit dem Feiern begonnen haben, und jetzt aus voller Kehle den alten Jubelakkord „Sto lat, Sto lat" – „Hundert Jahr, Hundert Jahr", schmettern.

Der sagenhafte silberne BMW mit den bunten Bändern fährt im Schrittempo durch die Menge, aus allen Fenstern winkt es heraus, und aus dem Bus, dem hochbeinig klappernden Ungetüm mit roten Gardinchen, das hupend hinterdrein rollt, leuchten die Roben der Frauen, Meisterwerke der heimischen Nähmaschinen, in Zitronengelb, Lavendelblau und Himbeerrot. Mariä Lichtmess liegt vierundsechzig Jahre zurück. Von vielen der aus Balken und Pappe gefügten Holzhäusern, die damals als erster Unterschlupf eilig zusammengezimmert wurden, sind längst nur noch Ruinen mit leeren Fensterhöhlen übrig. Andere Häuser sind seither erweitert worden, haben neue Küchen erhalten, Bäder, zusätzliche Zimmer für die nachwachsenden Familienzweige. Bei Janina Sękala, verheiratete Łopion, riecht es noch nach frischem Mörtel nach dem letzten Anbau, Jan Kamecki hat eine Gefrierkombination neben den alten Kachelofen gestellt, und im Gasthof von Mutter Stanisława trompetet Marek mit seiner Elefantenstimme gerade in sein Mobiltelefon, weil sein neues Auto, ein blitzender japanischer Geländewagen, den ihm sein Bruder in Amerika billig vermittelt hat, nicht so recht durch den polnischen Zoll will.

Links an der Busstation liegt der Laden, äußerlich eine nüchterne Bude mit vergitterten Fenstern, wie alle polnischen Dorfläden zwischen Ostsee und Karpaten, im Inneren aber voll Zeugnissen des Zeitenwandels. Fanta neben Wódka Żołądkowa, Lipton Yellow Label neben mächtigen Schweinswürsten, Ariel und Persil hinter Polens ewigen Grablichtern – die Zeiten fließen ineinander. Rechts an der Kreuzung geht es zum Witwer Stępień, der damals in Frauenkleidern dem Soldaten einen Moment lang ins Auge blickte und dessen Kinder und Enkelkinder (die es nicht gäbe, wenn dieser Soldat damals wie all die anderen seinen Befehlen gefolgt wäre) mittlerweile über die ganze Welt verstreut sind – über Krakau, Warschau, Irland und Amerika. Geradeaus liegt die Hütte der Feliksa

Woźna, die gerade in winzigen Schritten auf ihren Krücken, nach jedem Schritt den Eimer absetzend, vom Brunnen Wasser holt. Sie lebt allein. Ihre Ehe, die damals vor Lichtmess begann, ist kinderlos geblieben, und ihren Mann, mit dem sie so traurig vom Brautbild blickt, hat sie mittlerweile begraben. Jenseits des Flusses geht es zu Honorata Kozłowska, dem Mädchen, das damals vor dem Altar an der Großmutter zerrte, als alle schon rannten. Sie wohnt in einem nagelneuen, durch und durch modernen Haus, das eines ihrer Kinder oder Enkelkinder gebaut hat, komplett mit Mattglastüren, Einbauküche und einem zeitgenössisch asymmetrischen Kamin, worin nur das reichlich aufgetragene Essen – ein gewaltiger Presssack und die unsterblichen Salzgurken dieses Landes – noch an die alte Zeit erinnert. Bis heute trägt Honorata – wohl in Erinnerung an die Großmutter, die damals nicht verhindern konnte, dass die Deutschen die Hostien verstreuten, – täglich ihr Skapulier um den Hals, das gesegnete Kettchen mit dem Doppelporträt Christi und der Jungfrau, und in einem ihrer Schränke verwahrt sie noch jene Fotos, die sie damals mit ihrer Mutter im Hof vergrub, wenige Minuten, bevor die Mörder da waren. Die Mutter hat sie nach diesem Tag nie wiedergesehen, aber die Fotos, letzte Zeugnisse einer verbrannten Welt, hat sie wieder ausgegraben. Sie sind nur leicht beschädigt. Das eine zeigt die Eltern und einen Bruder, das andere Honoratas Erstkommunion: Mädchen in weiß im Frühlingslicht vor Prozessionsfahnen, und in ihrer Mitte das hagere, ernste Gesicht des Pfarrers Stańczak.

Der silberne BMW hat vor dem Kirchhof gehalten, die Türen des Busses sind aufgeflogen, Frisuren, Dekolletés, Kleider in Lindgrün, Pink und Türkis formieren sich, der Brautvater mit dem Dreiteiler, Kenner aller Landstraßen zwischen Tatra und Altai, rückt die Krawatte zurecht, und drüben im Festsaal des Gasthofes gibt Mutter Stanisława, unumschränkt herrschend auf ihren Stock gestützt, noch letzte Instruktionen für die saure Mehlsuppe. Die Orgel setzt ein. Monika aus dem Nachbardorf nimmt den Arm von Roman, dem Enkel des alten Kamecki, Rokokogold blitzt im Gewitter der Digitalkameras, schon ziehen sie durch die Kirchentür. Rechts vom Altar hebt Sankt Franziskus das Jesuskind mit der verletzten Backe zu sich hoch, und gleich darunter steht im Ornat Pfarrer Grabiec, der alte Künder, der damals noch einmal zurückkam, um das Ministrantengewand an seinen Platz zu legen. Von hinten aber, vom Beichtstuhl, blickt die Schwarze Madonna auf ihre Kinder, die Königin mit den Säbelhieben im Gesicht, von deren stillen Augen niemand weiß, ob sie aus höchster Seligkeit ins Unglück schauen oder aus tiefstem Elend ins höchste Glück.

post scriptum

EIN ZU schöner Schluss für einen so schlimmen Bericht? – „Oj Boże", hatte der alte Sołtys geseufzt, als er mit seiner Geschichte zu Ende gekommen war, „O Herrgott"; – und dann hatte er noch ein großes, einfaches Wort hinzugefügt, die erste Begründung allen Erzählens: Es ist so gewesen. „So war es".